轨道装备类校企“双元”合作开发教材

高速动车组车辆装置检修与维护

崔洪举　张　璇　主编

中国铁道出版社有限公司

2026年·北　京

内容简介

本书为轨道装备类校企“双元”合作开发教材之一，以高速动车组通用装置的检修与维护方法为主要内容，结合动车组机械师等岗位的职业技能要求，以动车组检修工作中的实际工作任务为载体进行设计。全书共分七个项目，分别是：高速动车组检修与维护整体认知，高速动车组车体、车门及连接装置检修，高速动车组转向架检修与维护，高速动车组牵引与电气装置检修与维护，高速动车组空调通风及卫生装置检修，高速动车组制动系统装置检修，高速动车组信息及监控系统检修与维护。

本书可作为高等职业院校轨道装备类高速动车组制造与维护专业核心课程教材，也可作为相关岗位技术人员培训教材。

图书在版编目(CIP)数据

高速动车组车辆装置检修与维护/崔洪举，张璇主编. —北京：中国铁道出版社有限公司，2022.2(2026.2 重印)
轨道装备类校企“双元”合作开发教材
ISBN 978-7-113-28041-3

Ⅰ.①高… Ⅱ.①崔… ②张… Ⅲ.①高速动车-设备检修-教材 ②高速动车-车辆维修-教材 Ⅳ.①U266

中国版本图书馆 CIP 数据核字(2021)第 112565 号

书　　名：高速动车组车辆装置检修与维护
作　　者：崔洪举　张　璇

责任编辑：亢丽君　　**编辑部电话：**(010)51873205　　**电子邮箱：**67204751@qq.com
封面设计：曾　程
责任校对：焦桂荣
责任印制：高春晓

出版发行：中国铁道出版社有限公司(100054，北京市西城区右安门西街 8 号)
网　　址：https://www.tdpress.com
印　　刷：北京富资园科技发展有限公司
版　　次：2022 年 2 月第 1 版　2026 年 2 月第 3 次印刷
开　　本：787 mm×1 092 mm 1/16　**印张：**9.75　**字数：**233 千
书　　号：ISBN 978-7-113-28041-3
定　　价：50.00 元

前　言

随着我国产业转型升级、制造强国建设等国家战略的深入推进，为全面发展高质量职业教育，我国大力推动实施《国家职业教育改革实施方案》，提出要深化教材改革，促进校企“双元”育人。采用校企联合开发教材的模式，将行业及企业新技术、新工艺、新规范纳入教材，是职业教育适应技术进步和产业升级的重要举措。

2021年3月，教育部印发《职业教育专业目录(2021年)》，新增“高速铁路动车组制造与维护”与“城市轨道交通车辆制造与维护”两个高职专业。中国中车集团有限公司作为国家产教融合型企业、国家高端装备制造业的排头兵，积极发挥职业教育重要主体作用，结合这两个专业人才培养目标和毕业生就业岗位需求，组织多名集团级首席、资深技术、技能专家和院校教师联合开发了六本轨道交通装备制造系列教材。

本书采用“项目任务式驱动”模式构建内容体系，充分吸收企业新型生产技术，将高速动车组车辆装置检修与维护的关键知识与技能分解到各个项目模块中，重在培养学生的实践能力，帮助学生养成必要的职业规范，并通过多元评价方式对学生所学知识和技能进行立体化综合考核。全书采用国家行业最新标准。

本书作为“高速铁路动车组制造与维护”专业的核心教材，以生产过程中的实际工作任务为载体进行设计，全方位阐述、解析了高速动车组通用装置检修与维护的方法与标准，内容包括高速动车组检修与维护整体认知、高速动车组车体、车门及连接装置检修与维护、高速动车组转向架检修与维护等七个项目。

本书既可作为中等职业学校、高等职业院校及其职业本科学校的轨道装备类相关专业教学用书，也可作为相关行业领域各类职业培训教材，或供其他相关院校教学人员、企业内训师及技术人员参考。

本书按照“校企双主编”联合开发的原则，由中车青岛四方机车车辆股份有限公司正高级工程师崔洪举、常州铁道高等职业技术学校副教授张璇担任主编。参加本书编写的还有中车青岛四方机车车辆股份有限公司弓海斌、刘侠、周勇，常州铁道高等职业技术学校朱光耀、喻佩佩。

本书在编写过程中得到中国中车集团有限公司人力资源中心、中车南京浦镇车辆有限公司人力资源部等单位和部门同志的大力支持，在此对各位同仁表示由衷的感谢。

本书配套丰富的学习资源，读者可通过加入学习交流群（QQ：553872431）获取。

由于编者水平有限，书中疏漏及其他不足之处，恳请读者批评指正。

编　者

2021 年 5 月

目　录

项目一　高速动车组检修与维护整体认知

学习目标

1. 知识目标

(1)掌握高速动车组的检修类型及检修级别。

(2)知道高速动车组检修方式及检修流程。

(3)熟悉高速动车组检修基地概况。

(4)了解高速动车组检修设备的用途。

2. 能力目标

(1)会使用部分检修工具和设备。

(2)会区分动车段和运用所的工作模式。

(3)能区分车辆的检修类型和级别。

3. 素质目标

(1)培养学生"以预防为主""以可靠性为中心"的维修思想。

(2)培养学生严谨、节约的从业理念。

任务一　学习高速动车组修程修制及检修方式

任务描述

高速动车组是高速铁路生产运输的重要组成部分,制定科学合理的检修制度对于保障动车组的安全运行和提高动车组效率具有重要意义。通过学习本任务,熟悉高速动车组车辆检修维护相关管理制度、检修类型和级别、检修安全注意事项等,对高速动车组整体的检修维护有一定的认知。

知识链接

一、高速动车组修程修制

1. 修程修制设计理念

高速动车组维修制度具体包括维修计划、维修类别与等级、维修方式、维修组织、维修体制和维修考核指标等。维修制度分为两大体系,一是在"以预防为主"的维修思想指导下,以磨损理论为基础的"计划预防维修制度";另一个是在"以可靠性为中心"的维修思想指导下,以故障理论为基础的预防维修制度,称为"以可靠性为中心的维修制度"。我国高速动车组检修体制实行定期的计划性预防维修制度,具体框架如图 1-1-1 所示。

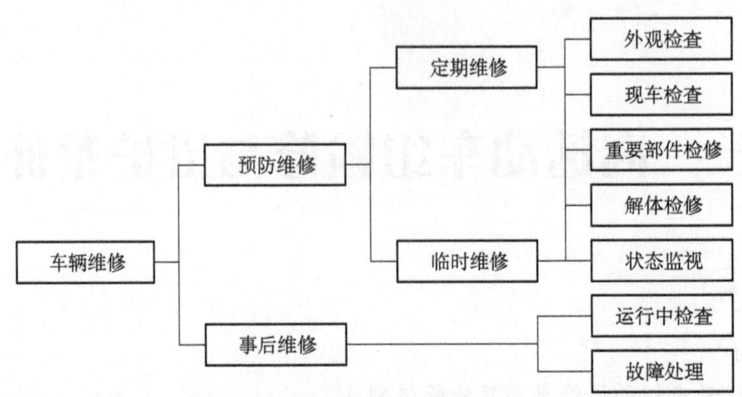

图 1-1-1　高速动车组修程设计框架

2. 高速动车组修程修制

高速动车组实行计划预防修的检修体制，分为五个等级。一级和二级修为运用检修，在动车组运用所内进行；三级、四级、五级修为高级修，在具备相应车型检修资质的检修单位进行。动车组检修级别划分如图 1-1-2。

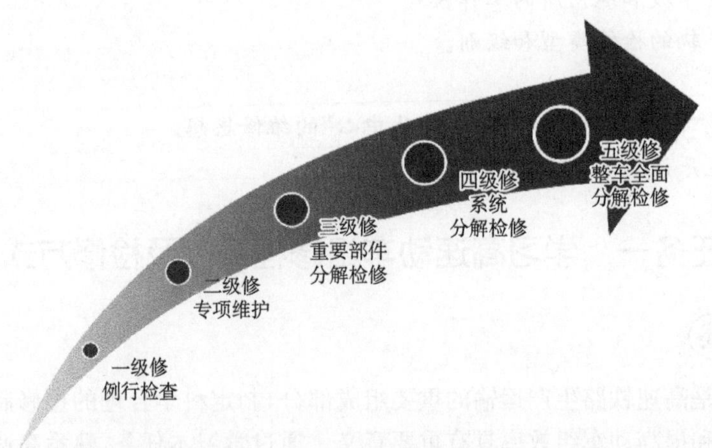

图 1-1-2　动车组检修级别划分

一级修是对运用动车组的车顶、车下、车体两侧、车内和司机室等部位实施快速例行检查、试验和故障处理的检修作业，须在动车所检查库内实施。动车组一级修可采用无电（可接外接电源）—无电或有电—无电—有电作业模式。动车组一级修时，短编（8 辆编组）由 1 个作业小组实施，长编（16 辆编组）由 2 个作业小组实施。停留超过 48 h 的动车组上线运营前须进行一级修。

二级修是对动车组各系统、零部件实施的周期性维护保养、检测、试验，不得漏项、超期。扣车集中检修时须填写"动车组扣修单"，修竣后须填写"动车组扣修竣工单"。动车组发生故障需扣车临修时，须填写"动车组扣修单"，修竣后须填写"动车组扣修竣工单"。

三级修主要是对转向架进行检修，包括动车组架车、转向架检修、整车落车、称重、静调、动调等内容（如果解编作业，则还包括解编、编组）。

四级修主要是分解检修，具体包括：车辆解编、架车、转向架分解检修、车辆设备（车顶、车下、车端、车内）分解与检修、车体清洁、车辆设备组装、落车、保压试验、油漆及标记、单元组编组与试验、整列编组、静调试验、动调试验、试运行等。

五级修包括：车辆解编、架车、转向架分解检修、车辆设备（车顶、车下、车端、车内）分解与检修、车体抛光、车辆设备组装、落车、保压试验、油漆及标记、单元组编组及试验、整列编组、静调试验、动调试验、试运行等。

我国高速动车组运用维修采用以走行公里周期为主（走行公里以动车组管理信息系统为准）、时间周期为辅的检修模式，先到为准。二级修项目允许按二级修维修卡规定的检修周期延后10%组织施修（有调整检修周期范围的除外）。高级修间隔不超过一个三级修周期，高级修周期循环如图1-1-3所示。

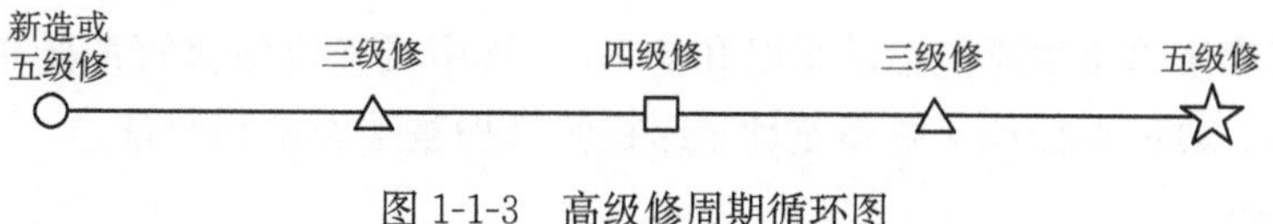

图1-1-3　高级修周期循环图

二、高速动车组检修方式及检修流程

1. 高速动车组检修方式

动车组检修作业方式的核心是在确保安全性和舒适性的前提下最大限度压缩检修时分，提高动车组的使用效率和检修单位的作业效率；其基础是可靠的部件寿命管理系统，其保障是先进的检修设备和设施，其支撑是部件制造工厂的配套检修服务。动车组检修作业方式在"检修基地"主要表现为检查、拆装、检测、试验，除转向架以外，其他大部件检修采用换件的方式，委托该部件的制造工厂承担。

（1）换件修

无论在低级修程中发现部件故障，还是在中、高级修程中需要检修或更换部件，都采用换件修的方式，拆下的部件均送制造工厂或其设立的派出机构进行检查、修理、检测、试验。修竣后并经过检验才能继续装车使用。

（2）集中修

动车组的检修都集中安排在检修基地，运用所仅承担日常的例行检查和部分临修作业；部件检修集中在相应的制造工厂或其设立的派出机构。

（3）状态修

服务性设施一般采取状态修，即随检随修，始终保持技术状态良好；同时部分设备或部件按照使用寿命的界定，在不能适应使用要求，即将发生故障前进行更换，采用监视型的状态修。

（4）均衡修

为减少大修休车时分，通过换件的方式将部分部件，在运用过程中或其他较低级修程中安排检修，减少大修时的工作量，尽可能压缩动车组在修时间。

2. 高速动车组检修流程

（1）一、二级检修

轮对踏面诊断→吸污作业→车体清洁→检修及故障处理→必要的检测→存放。

(2)三级检修

增加转向架分解检修流程和牵引系统部分分解检修流程，必要时要进行车体的气密性试验。

(3)四、五级检修

车体清洗→吸污作业→高压试验→拆解编组→拆卸设备→部件检修、检测和调试→车体检修及油漆→气密性试验→单元(车)试验→恢复编组→整列调试及试验。

任务二　认识高速动车组检修维护基地设施及设备

任务描述

高速动车组检修单位主要包括动车段和动车所，其中具备高级修资质的单位被称为高速动车组检修基地。通过本任务了解高速动车组检修维护基地设施和设备。

知识链接

高速动车组检修基地一般设置于动车组或高速线路集中的枢纽站区，具备区域辐射(覆盖)作用。目前设置有北京、上海、武汉、广州、成都、西安、沈阳七个检修基地。

1. 高速动车组常见检修场地及技术要求

常见的高速动车组检修场地有停车列检库及其附属车间、检修库及其辅助车间、转向架间、轮对间等，如图 1-2-1 所示。

车库、车间建筑的一般技术要求如下：

(1)车库的长度根据股道作业车辆数，如停车列数、检修台位数，横向运输、消防通道作业要求等因素确定。

(2)车库的宽度应根据股道数量、股道间作业需要间距、检修设备布置、运输通道、消防通道等因素综合考虑，并符合建筑设计的有关要求。

(3)车库的高度根据车辆限界、车顶作业和车顶上部起重设备作业维修要求确定。

(4)厂房应有良好的通风、采光条件，对有环境要求的车间厂房应有空调设备，在寒带地区应有采暖设施。

(5)应设置必要的上下水、动力、照明、压缩空气管线路及相关设施，按作业区设置必要的电、水计量表具。

(6)按消防要求配备必要的手携式灭火器、消防水栓、水喷淋等消防设备和设施。

(7)在主库的边跨布置必要的办公和生活设施。

(8)在需设检查地沟的线路，一般设置宽地沟，地沟的深度应为 1.4～1.45 m 为宜。

(9)必须设接触网(轨)的线路，以不影响其他作业区，保证设备人身安全为原则，设置隔离开关及进行分区供电并设置必要的安全设施。

(10)对于三废处理，废水和废渣应形成处理系统，进行集中处理为宜；废气应就地处理，达到环保排放标准。

(11)噪声应治理，对振动和噪声较大的设备应采取将基础隔离或采取消声设施等措施。

(a) 停车列检库

(b) 三层立体检修平台

(c) 检修库

(d) 转向架、轮对间

图 1-2-1　高速动车组检修场地

2. 高速动车组检修基地和运用所的基本配置

(1)动车组检修基地基本配置

动车组检修基地基本配置包括车体自动清洗设备、地面吸污设备、不落轮旋装置、轮对踏面检测设备、列车监控系统地面接收及信息处理设备、足够的存放线路、车体检修库、油漆库、转向架检修库(间)及试验设施、轮对、轴承检修库(间)及检测试验设备、制动系统检修库(间)及检测试验设备、牵引系统检修库(间)及检测试验设备、辅助供电系统检修库(间)及检测试验设备、车钩及缓冲装置检修库(间)和检修检测设备、车体气密性试验设备、其他部件检修场所及检修、检测、试验设备、单车试验设施、ATC 试验设施、必要时在场内设试运行线路、生产及安全信息管理系统,部分检修维护设备如图 1-2-2 所示。

(2)动车组运用所基本配置

动车组运用所基本配置包括车体自动清洗设备、面吸污设施,必要时还要配置移动设备、不落轮旋装置、轮对踏面检测设备、列车监控系统地面接收及信息处理设备、足够的存放线路、检修库与临修库、必要的系统检测设备和机械动力设备、生产及安全信息管理系统。

(a) 牵引电机试验台

(b) 不落轮旋床

(c) 列车洗刷库

(d) 固定式架车机

(e) 移动式架车机

图 1-2-2　高速动车组检修设备

项目评价

考核评价表

<table>
<tr><td>姓名</td><td></td><td>班级</td><td colspan="2"></td><td colspan="2">学　号</td><td colspan="2"></td></tr>
<tr><td>学习领域</td><td colspan="4"></td><td colspan="2">成　绩</td><td colspan="2"></td></tr>
<tr><td rowspan="2">项点</td><td rowspan="2" colspan="2">观　测　点</td><td rowspan="2">评价人</td><td rowspan="2">分值</td><td colspan="2">得　分</td><td rowspan="2">计分项</td><td rowspan="2">项点得分</td></tr>
<tr><td>任务一</td><td>任务二</td></tr>
<tr><td rowspan="2">自我行为规范</td><td colspan="2">自觉守时行为</td><td>教师</td><td>50</td><td></td><td></td><td>A</td><td rowspan="2">K1＝(A＋B)×30％
A、B 为各任务的平均分</td></tr>
<tr><td colspan="2">自觉按规章操作</td><td>团队</td><td>50</td><td></td><td></td><td>B</td></tr>
<tr><td>学习过程考核</td><td colspan="2">发现问题分析问题
积极主动解决问题</td><td>教师</td><td>100</td><td></td><td></td><td>C</td><td>K2＝C×30％
C 为各任务的平均分</td></tr>
<tr><td rowspan="2">学习结果考核</td><td colspan="2">实际操作技能</td><td>团队</td><td>50</td><td></td><td></td><td>D</td><td rowspan="2">K3＝(D＋E)×20％
D、E 为各任务的平均分</td></tr>
<tr><td colspan="2">日常课业完成</td><td>教师</td><td>50</td><td></td><td></td><td>E</td></tr>
<tr><td>生活行为考核</td><td colspan="2">节约能源爱护环境</td><td>团队</td><td>100</td><td></td><td></td><td>F</td><td>K4＝F×20％
F 为各任务的平均分</td></tr>
<tr><td colspan="7">合计(K＝K1＋K2＋K3＋K4)</td><td colspan="2"></td></tr>
</table>

学生工作单

<table>
<tr><td>工 作 单</td><td colspan="3">高速动车组检修与维护整体认知</td></tr>
<tr><td>目　　标</td><td colspan="3">1. 了解高速动车组车辆检修维护与管理体制、制度。
2. 掌握高速动车组的检修类型及检修级别。
3. 熟悉高速动车组检修设备的使用方法。</td></tr>
<tr><td>班　　级</td><td></td><td>姓　　名</td><td></td></tr>
<tr><td>学习小组</td><td></td><td>工作时间</td><td></td></tr>
<tr><td colspan="4">【知识认知】
1. 高速动车组的维修模式包括________和________。
2. 高速动车组的检修设备包括________。
3. 高速动车组的修程为________。
4. 目前我国铁路动车组采用的是________维修思想。
5. 简述动车组概念、发展历史、分类、组成及其基本工作原理。

6. 描述动车组检修制度及动车组一至五级修程。

</td></tr>
<tr><td colspan="4">【实践认知】
认识并陈述高速动车组检修维护基地设施及设备。

</td></tr>
</table>

项目二　高速动车组车体、车门及连接装置检修

学习目标

1. 知识目标

(1)了解高速动车组车体、车门及连接装置的基本组成。

(2)理解高速动车组车体连接装置的原理。

(3)熟悉高速动车组车体、车门、连接装置的各级检修流程。

(4)掌握高速动车组车体、车门及连接装置的检修方法。

2. 能力目标

(1)会准确区分高速动车组车体、车门及连接装置的结构组成。

(2)能准确处理高速动车组车体、车门及连接装置的典型故障。

(3)能完成高速动车组车体、车门及连接装置的一、二级修及高级修检修内容。

3. 素质目标

(1)培养学生自主学习、解决实际检修问题的能力。

(2)能够分析检修工作中的不安全因素，培养学生责任和安全生产意识。

任务一　高速动车组车体检修

任务描述

高速动车组车体是容纳旅客和司乘人员的地方，又是安装或连接车辆其他组成部分的基础。通过学习本任务，熟悉车体的基本组成与各组成部分的作用，掌握高速动车组车体结构的一级修、二级修、高级修的方法与步骤。

知识链接

1. 高速动车组车体结构的组成及分类

高速动车组车体结构由底架、车顶、侧墙、端墙和司机室(仅头车)组成，根据车顶设备布置不同，车体分为头车(含司机室)、有受电弓中间车和无受电弓中间车三大类。头车车体结构如图 2-1-1 所示，有受电弓中间车车体结构如图 2-1-2 所示。

在满足结构安全和使用可靠的前提下进行了轻量化设计，车体采用大型中空铝合金挤压型材焊接而成，为薄壁筒形整体承载结构，具有高强度、高耐撞性和轻量化等特点。

2. 车体主要部分的结构及作用

动车组车体底架包括牵引梁、枕梁、侧梁(边梁)、端梁、横梁和波纹地板等。侧梁采用通长

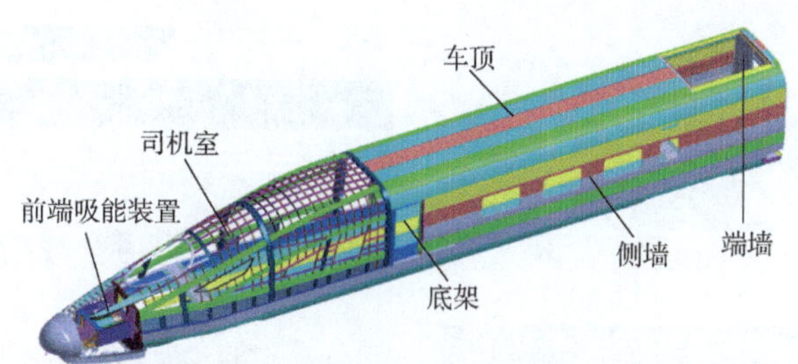

图 2-1-1　头车车体结构

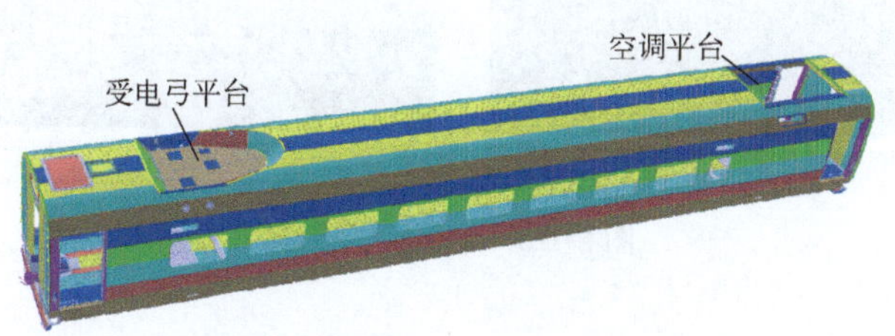

图 2-1-2　有受电弓中间车车体结构

铝合金挤压型材拼焊而成，位于底架地板下左右两侧，是底架与侧墙连接成筒体的关键部件。端梁由铝合金挤压型材和铝合金板焊接而成。横梁采用铝合金挤压型材焊接而成，位于底架地板下方，起到吊挂设备和均衡载荷的作用。

动车组车顶是车体上部结构，是受电弓、高压电缆等车顶设备的安装基础。动车组车体侧墙采用大型中空挤压型材，不设车内侧立柱。头车与中间车侧墙结构相同，但纵向长度不同，型材之间的焊接采用车体长度方向上连续焊接的方式，侧墙与车顶的连接采用车内侧、车外侧连续焊接，侧墙和底架边梁之间的连接采用车内侧段焊结构，车外侧为连续焊接。动车组头车车体一侧带有端墙，中间车两侧均带有端墙。端墙根据车辆卫生间和洗脸间的布置主要分为两种结构形式，即分体式和整体式。

任务实施

1. 车体结构一级修

车体结构一级修主要对车体外墙板、玻璃视窗、标记及车体附件进行状态检修，具体检修内容如下：

(1) 车体状态检修

外墙板、玻璃视窗等外观状态良好，无变形、损坏，油漆无明显脱落、划痕；车外标记无破损、脱落，如图 2-1-3 所示。

(2)车体附件检修

①裙板安装螺栓外观状态良好，安装紧固、无缺失，防松标记清晰无错位；裙板格栅无明显变形、缺损、裂纹，无外挂附着物；裙板锁锁芯三角标识正对指向“关”位，且转舌锁锁芯处于回弹状态，如图 2-1-4 所示。

②底板侧部安装螺栓、防松铁丝外观状态良好，安装紧固、无缺失，防松标记清晰无错位，防松铁丝无松动缺失；防脱销全部处于关闭状态，如图 2-1-5 所示。

(a) 外墙板、玻璃状态

(b) 车外标记

图 2-1-3　车体状态检修

(a) 格栅裙板

(b) 转向架裙板

(c) 裙板安全锁

(d) 裙板安全锁锁到位

图 2-1-4　裙板状态检修

③液位显示器及砂箱(用于制动时增加轮轨间摩擦)砂位等裙板透明观察窗表面清晰、无损伤及裂纹,如图 2-1-6 所示。

(a) 底板螺栓防脱销（关位）

(b) 防松铁丝

图 2-1-5　底板状态检修

(a) 液位显示器观察窗

(b) 砂箱观察窗

图 2-1-6　观察窗状态检修

④抬车垫板状态良好，螺栓防松标记清晰、无松动；车端减振器处密封板外观状态良好，安装紧固、无缺失，防松标记清晰、无错位，如图 2-1-7 所示。

(a) 抬车垫板

(b) 车端减振器密封板

图 2-1-7　抬车垫板及车端减振器密封板检修

2. 车体结构二级修

高速动车组车体结构二级修主要清理车体裙板滤网，检查排障装置，测量车体倾斜尺寸。具体检修内容如下：

(1)清理车体裙板滤网

①拆卸滤网(图 2-1-8)

检查车体裙板格栅，清除白色垃圾和异物，使用标准四角钥匙插入裙板锁孔，按压钥匙逆时针旋转钥匙打开裙板锁“开”位，将端部止挡插销拨至最低位，拉住滤网把手，沿车长方向稍用力将滤网从裙板滑槽中抽出即可。

图 2-1-8　裙板滤网拆卸

②清扫滤网

牵引变流器、牵引变压器、牵引电机、冷却风机等设备相关的裙板滤网定期进行清扫，可根据季节及运行环境适当缩短或延长清扫周期，确保车下设备通风散热正常。当遇到特殊季节天气或环境时，如杨絮、柳絮、沙尘暴天气等，应尽量缩短清扫周期，必要时随时清扫。

使用尼龙刷或吸尘器清理滤网表面垃圾或絮状物，然后用高压风吹尘后再放入中性清洗剂溶液中，上下左右充分晃荡清洗，清洗完成后用高压风吹干即可。恢复安装前检查并确认裙板、滤网、裙板吊带、裙板锁等各件状态良好。将清理干净的滤网插入滑槽，且确保止挡插销处于关位，上翻裙板靠近上边梁，稍用力安全碰锁锁舌即可碰合上边梁锁扣板，确认安全碰锁锁紧(锁芯三角箭头指向“关”位)方可松开裙板。将标准四角钥匙插入锁孔，按压到底并顺时针旋转至锁芯三角箭头指向“关”位，并确保锁芯处于弹出状态(用手按压锁芯能够顺利回弹)；如锁舌与锁扣板不能顺利旋转，需用手按压裙板使之与锁扣板贴靠。

(2)车体排障装置检查(图 2-1-9)

检查头车排障装置外观无损伤、裂纹，清除污垢；检查底部盖板及安装螺栓，清除污垢，确认防松铁丝无错位松动，如有螺栓松动，拆解防松铁丝后重新紧固螺栓并安装防松铁丝；检查前端排障板安装螺母紧固可靠，测量下平面距离轨面距离符合限度要求；检查辅助排障器表面状态及安装螺栓防松铁丝无错位松动，如有螺栓松动，拆解防松铁丝后重新紧固螺栓并安装防松铁丝。

(3)车体倾斜尺寸测量

保证动车组总风压力为 800～900 kPa，将平尺放置在标准钢轨上，测量同一辆车在空车时端部端板边缘下端至轨面的垂直高度。如果车体倾斜高度差超出允许值，在保证空气弹簧高度值的情况下，反复关闭/打开空气弹簧截断塞门，对空气弹簧充排气调整车体倾斜尺寸。

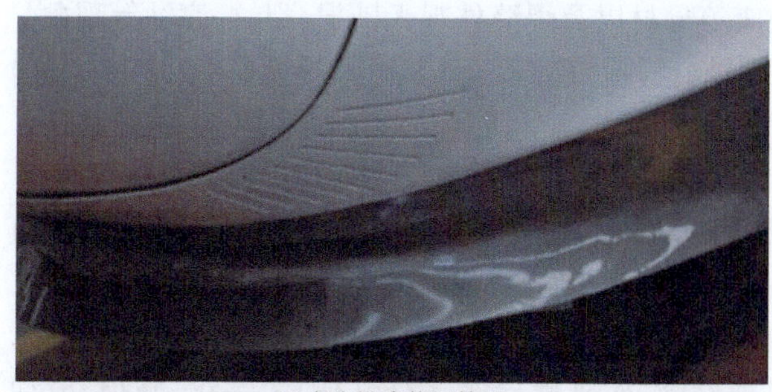
(a) 车头排障装置外观

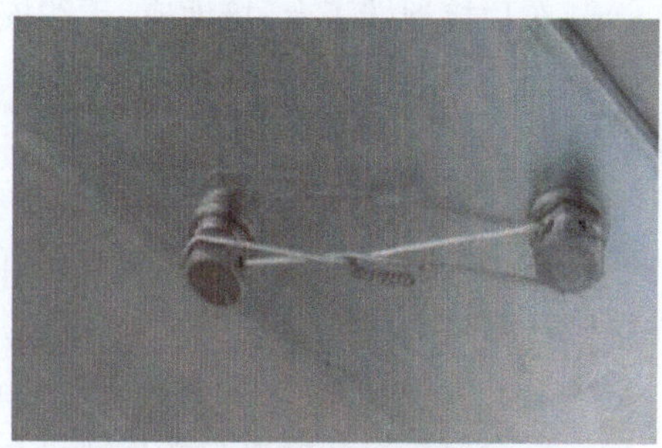
(b) 底部盖板安装螺栓

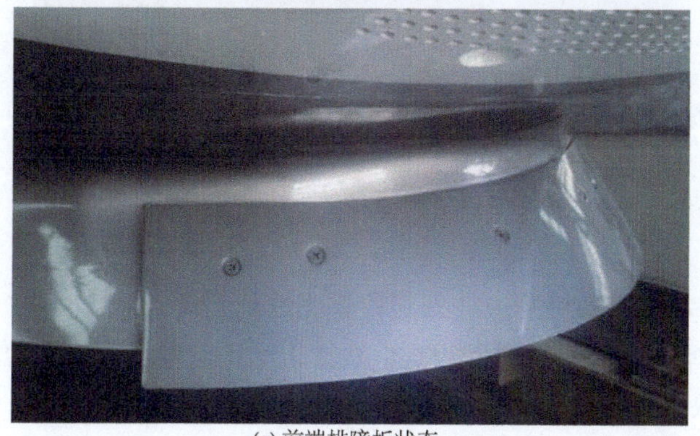
(c) 前端排障板状态

(d) 辅助排障器状态

图 2-1-9　车体排障装置检查

3. 车体结构高级修

(1)车体部件检查

目视检查车体，包括司机室、底架、端墙、侧墙、车顶、吊座等，有磨损、击伤、裂纹、腐蚀、锈蚀时修复。具体检查内容如下：

①侧墙部件检修

a. 检查侧墙板无变形、凹陷、凹凸不平、鼓包、破损、裂纹等现象。

b. 侧墙焊缝区域表面外观检查无裂纹，侧墙侧门及司机室侧门门框、角部焊缝区域表面外观检查无缺陷，窗口周围无破损、裂纹，侧门排水槽无腐蚀等现象。

c. 侧墙与底架、端墙、车顶、司机室连接焊缝无缺陷、裂纹。

②司机室部件检修

a. 司机室周边焊缝区域表面外观检查无缺陷，外板表面无变形、破损、击伤、裂纹、凹陷、鼓包等现象。

b. 司机室前窗框、逃生窗、侧窗等母材外观无变形、破损、击伤、裂纹等现象。

③车顶部件检修

a. 车顶外表面型材无塌陷、凹陷、鼓包、凹凸不平、破损、裂纹、击穿等现象；车顶面型材间焊缝区域表面外观检查无裂纹，防滑地胶无剥离磨损，检查车顶母材、焊缝外观无破损、裂纹、腐蚀等现象。

b. 车顶受电弓平台组成、高压接头箱组成、空调平台安装组成、弓网监控装置安装座组成母材以及焊缝外观检查无破损、裂纹、腐蚀等现象。

c. 车顶接地端子台、接地座、天线安装座等母材以及焊缝外观无破损、裂纹、腐蚀等现象。

d. 结合修程对车顶可视螺栓座进行目视检查，检查螺栓座、螺栓(柱)无裂纹、破损、滑动及腐蚀等现象。

④端墙部件检修

a. 端墙外表面无塌陷、凹陷、鼓包、凹凸不平、破损，裂纹、击穿等现象；端墙焊缝区域表面外观检查无裂纹。

b. 检查端墙滑槽、端墙各型安装座母材及焊缝无裂纹、腐蚀、破损等现象。

c. 结合修程对端墙可视螺栓座进行目视检查，检查螺栓座、螺栓(柱)无裂纹、破损、滑动及腐蚀等现象。

⑤底架部件检修

a. 底架边梁、各种横梁、牵引变压器安装梁、贯通管、地板母材无破损、变形、裂纹、腐蚀、锈蚀，焊缝外观检查无缺陷。

b. 底架缓冲梁、牵引梁、枕梁、牵引梁补板等母材及焊缝无破损、变形、裂纹、腐蚀、锈蚀，焊缝外观检查无缺陷。

c. 底架抗蛇行减振器座、车端减振器安装座母材及焊缝外观检查无缺陷。

d. 底架牵引梁、枕梁、缓冲梁的连接焊缝，大横梁、枕梁、缓冲梁与边梁的连接焊缝，枕梁与抗蛇行减振器座连接焊缝外观检查无缺陷。

e. 高度阀安装座拼接焊缝及与车体连接焊缝、抗蛇行减振器座与车体连接焊缝、车端减振器安装座拼接焊缝与车体连接焊缝外观检查无缺陷。

f. 牵引梁、缓冲梁、车端减振器安装座内腔、枕梁、地板等部位无腐蚀等现象。

g. 检查底架枕梁与中心销连接部位、空气补给座等母材无磨损、变形、裂纹，焊缝外观无缺陷。

h. 检查底架各安装座、车下焊接零件、车下地板无损伤、变形，焊缝外观无缺陷。底架牵引梁铆钉、各横梁吊挂设备铆接结构铆钉外观无裂纹；横梁吊挂设备处焊缝无缺陷。检查车体接地端子台表面无腐蚀、开裂等现象。

i. 结合修程对边梁上可视螺栓座进行目视检查，检查螺栓座、螺栓(柱)无裂纹、破损、滑动及腐蚀等现象。对枕梁下翼面螺孔、抗蛇行减振器座下翼面螺孔、车端减振器座下翼面螺孔以及边梁螺栓座螺孔进行目视检查，无损伤、裂纹、破损等现象。

j. 对铆接在车体上的设备过渡支架(吊装零件)进行目视检查，无裂纹、损坏、腐蚀、锈蚀、缺失等现象。

k. 车下可视部位设备过渡支架(车体铆接)用铆钉紧固状态良好，安装牢固，无脱落、损坏、裂纹、腐蚀、缺失等现象。

(2)车体部件故障检修

①动车组车体检查过程中发现局部缺陷，可以进行打磨修复，打磨区域进行圆滑过渡。如果缺陷较大，无法通过打磨修复则须进行调修、焊修、泥子找平或其他方式修复。

②车体结构上的预埋丝套、铆螺母及自带螺纹的结构在螺栓拆卸时，须目视检查其内螺纹表面无损伤或滑扣，丝套无松动。

③可视部位焊接螺栓座、螺栓(柱)等部件开裂、腐蚀或破损等缺陷时修理、更新或用同等功能部件替换。

④清理车下各排水孔[边梁排水孔(枕外靠近缓冲梁区域)、缓冲梁(两侧靠近边梁)排水孔]异物,保证畅通。

⑤车体检查过程中发现侧墙外皮鼓包缺陷,将车体表面涂层清除后,对其进行检查发现缺陷进行修复,基材无问题则恢复涂层。

任务二　高速动车组车门检修

任务描述

车门系统的任务是保证乘客乘坐列车时的安全和舒适。车门分为内门和外门两大类。内门是车厢各部分之间的通道,又可分为风挡门、内端门、司机室门、乘务员室门和卫生间门,属于车内设备;外门即车体侧门是乘务人员和乘客进入车内的通道。本任务主要介绍动车组电动塞拉门的基本组成、功能及操作等相关内容。通过本任务学习,熟悉高速动车组车门的基本构成与原理,掌握高速动车组车门的一级修、二级修、高级修的方法与步骤。

知识链接

高速动车组采用电控电动多点锁闭式塞拉门,它主要由密封门框、门扇、侧立集成组件、承载驱动机构、内部操作装置、外部操作装置等大部件和机构支架、门口踏板以及下压条安装支架等小件组成,如图 2-2-1 所示。

1—密封门框;2—侧立集成组件;3—门扇;4—承载驱动结构;5—内部操作装置;
6—外部操作装置;7—机构安装板一;8—机构安装板二;9—门口踏板;
10—下压条安装支架。

图 2-2-1　车门组成

车门的主要功能有：开关门功能、故障隔离功能、紧急开门功能、障碍检测功能、牵引互锁功能、5 km/h 自动关门锁闭功能、网络监控与故障诊断功能、整列锁车功能等。

任务实施

1. 车门一级修(图 2-2-2)

车门无变形、损坏，外侧胶条无损坏、脱落，门扇表面油漆无脱落、划痕；车外紧急开门装置把手复位正常、无翘起；车门隔离锁堵头无脱落、丢失。头车隔离锁盖板无脱落、磁吸吸附良好；打开塞拉门，门扇内侧周圈密封胶条无扭曲变形、破损，车内保护胶条无损坏、脱落；塞拉门门扇(开门状态)与车体无异常接触和磨碰；耳听检查塞拉门气缸、空气管无漏气声音。

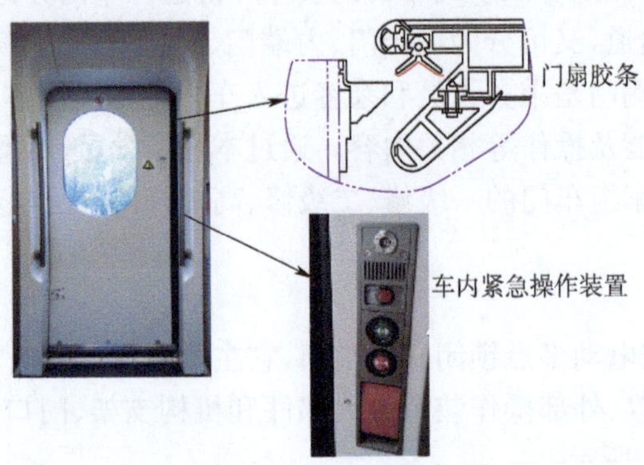

图 2-2-2　车门一级修

2. 车门二级修

(1)车门状态检查

打开车门上方横罩板、机构侧立罩检查盖，断开安装于车顶驱动装置上的门系统电源开关，然后检查如下零部件状态：

检查车门外观，确认门扇不变形、油漆不脱落、玻璃无损坏，门框与车体间的密封胶无裂纹、脱开等现象。

检查车门机构上的紧固件状态(图 2-2-3)，观察防松标记无错位，如果防松标记错位，需按照螺栓扭力值对紧固件进行紧固，并重新涂打防松标记。

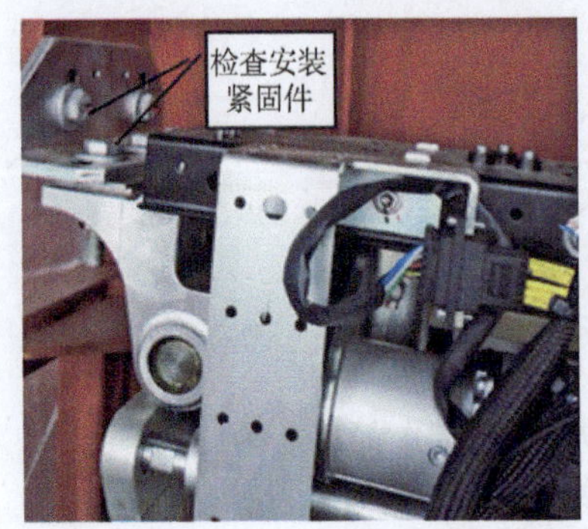

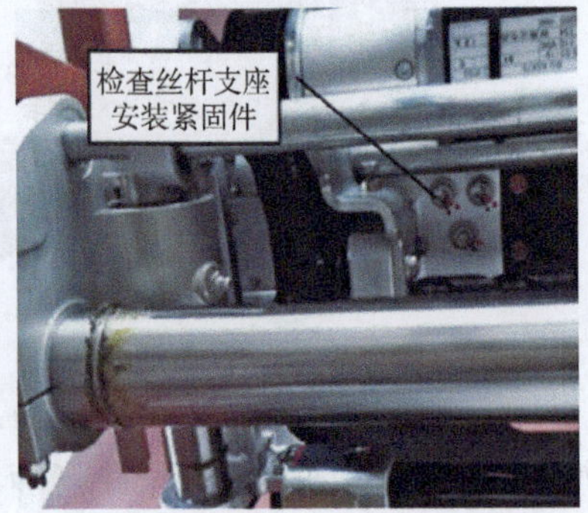

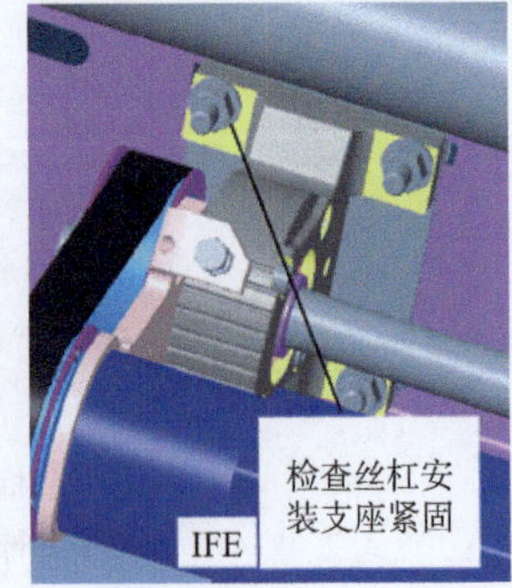

图 2-2-3　车门机构部分紧固件检查

检查紧急解锁装置(图 2-2-4),拉动车内紧急把手,能手动拉开车门,检查内操作可碎透明罩板是否损坏,若破损更换透明罩板。在车外手动关闭车门,操作车外紧急把手,可手动拉开车门。

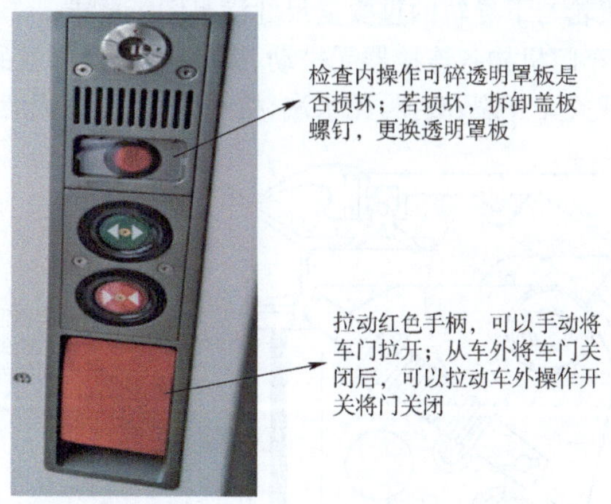

图 2-2-4　紧急解锁装置检查

检查主锁(图 2-2-5),手动关门直到锁扣刚接触锁叉时,测量间隙尺寸;手动关闭塞拉门至一级锁闭,手动操作压紧电磁阀按钮,辅助锁压紧,查看主锁到达二级锁闭时锁舌是否有一定的倒转量。主锁锁舌必须高于门扇锁扣相应尺寸(不同厂家,尺寸不同),门锁锁扣上的挡销在门锁闭后必须能够转动。检查主锁拉盘处内、外钢丝绳衬套与主锁上的拉盘距为 1～3 mm(内侧),检查钢丝绳是否有断股,如有断股则更换。

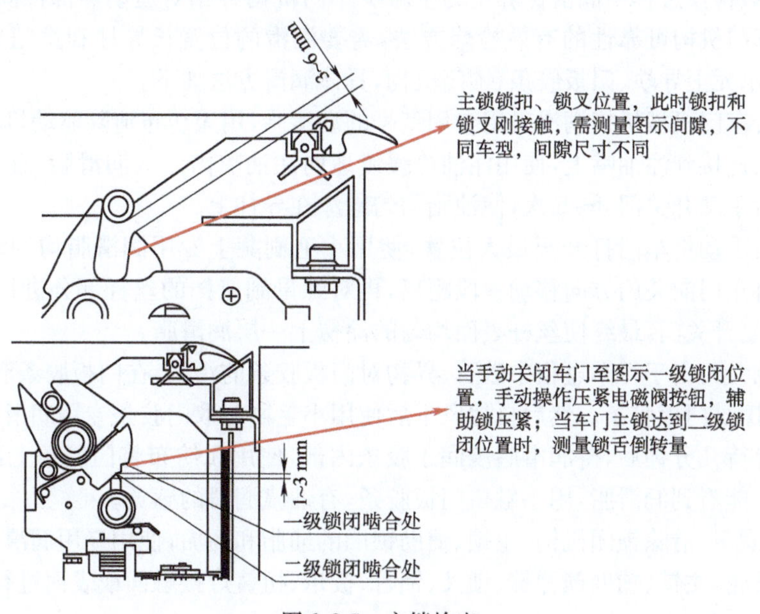

图 2-2-5　主锁检查

检查辅助锁(图 2-2-6),在车门关闭状态且辅助锁锁舌压紧状态下,锁舌外露锁扣和锁体之间间隙为(5±2) mm,锁舌上、下面与锁扣上、下表面间隙距离最小 2 mm。检查辅助锁锁舌正常锁闭和复位,检查辅助锁弹簧能正常复位。

检查其他附件，如气路零件不泄漏压缩空气，承载驱动机构上滑轮的尼龙滚轮无断裂、松动、移位，相关铰链无裂纹、断裂。检查隔离锁动作顺畅，长插销舌端与锁挡间保持合适的搭接量。检查可视的下摆臂滚轮与下导轨的重叠量尺寸满足图纸要求。

电气部件检查：检查车门机构各连接器无松动、损坏，连接器两端的卡钩锁紧，检查各到位开关、解锁开关、辅助锁开关无开裂、破损，无水汽，接线紧固，线缆无磨损。

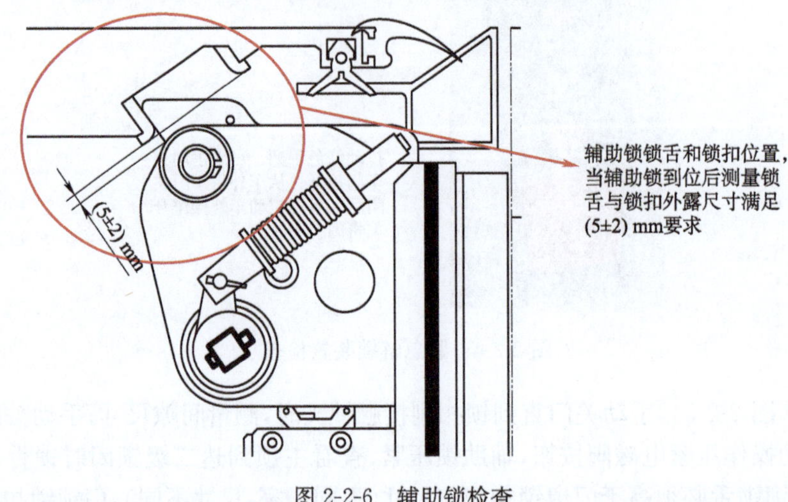

图 2-2-6　辅助锁检查

(2)车门润滑

车门在二级检修过程中润滑保养是为了减少车门机构各相对运动零部件间的磨损，降低故障率，提高车门机构可靠性的有效检修方法，需要润滑的位置长导柱和携门架中的直线轴承、丝杆、驱动单元上导轨、门板胶条、锁闭机构，具体润滑方法如下。

导柱润滑：车门机械机构润滑采用专用型号的润滑脂，用无纺布清除驱动机构内旧的油脂和污垢，将油嘴连接到注油嘴上，使用注油枪缓慢地向注油嘴内注入润滑脂，直至有油脂从注油嘴溢出，然后手动开关门 3～5 次，使油脂均匀地涂在导柱上。

丝杆润滑：手动将车门打开至最大位置，使用小毛刷蘸上专用润滑脂均匀涂抹在丝杆表面，然后手动将车门向关门方向移动一段距离，再对螺母副遮挡的丝杆部分进行润滑，一边涂刷一边手动反复开关门，最终使丝杆表面均匀的涂覆上一层润滑脂。

门板胶条润滑：由于行车过程中砂石、异物对门板胶条的污染，在门板胶条润滑前，使用清洁布蘸取清水擦拭门板胶条。然后自然风干后使用小毛刷蘸取门胶条专用润滑脂均匀涂抹在胶条的表面，等待几分钟后，待润滑脂浸润于胶条内部，使用无纺布将门胶条上面的润滑脂擦除，要求目视不能看到润滑脂，用手触摸门板胶条，有油腻润滑的感觉。

锁闭机构润滑：清除锁闭机构、主锁、辅助锁旧的油脂和污垢，使用专用润滑脂对锁闭机构弹簧，下摆臂滚轮，主锁、辅助锁弹簧、锁叉、锁舌、拨爪、扭簧灯接触面或表面进行润滑。

3. 车门高级修

(1)门板及门框检修

使用干净抹布清洁门框及门内板、外表面，清理集水槽污物；检查油漆破损，露出金属表面的需修补。

检查门芯窗、门扇及门框各处密封胶无开裂、剥离、缺失或破损。清洁门周边密封胶条、防护胶条并润滑，检查密封胶条的压力平衡孔通畅无堵塞，如图 2-2-7 所示。检查门扇玻璃无裂纹、内部无水雾，如果门扇剥离内部出现水雾则更换玻璃。

润滑车门密封条，首先使用白细布蘸清水清洁胶条周围的污垢，自然风干后使用润滑脂润滑车门密封胶条。

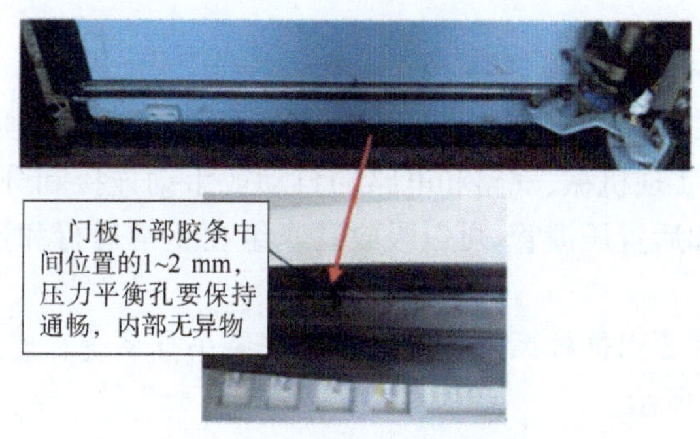

图 2-2-7　密封胶条压力平衡孔

(2)门机构检修

使用干抹布清洁干净下导轨表面、隔离锁舌的污垢及旧的润滑脂，然后将润滑脂均匀涂抹在下导轨表面及锁舌内表面。

检查头车车外隔离锁盖板无缺失、破损，将隔离锁钥匙插入隔离锁芯转动顺畅，拔出钥匙后检查钥匙无脏污。检查中间车车外隔离锁堵头状态良好，无缺失、破损。

(3)承载驱动机构检修

检查携门架上的橡胶缓冲块无破损、变形、松动。手动推拉塞拉门到最大开度时，橡胶缓冲块与车体接触良好。

对滚珠轴承、驱动丝杠、上导轨等相互运动部位清洁、润滑。使用抹布清除上述零件表面的污垢和旧润滑脂，使用专用润滑脂均匀涂抹在接触表面上。

检查坦克链完整，无断裂、脱扣。上滚轮存在变形、损伤时更新。检查滚轮高度无凸出滑道或者与滑道内侧刮蹭。

(4)侧立集成机构检修

侧面锁闭装置上所有弹簧、锁叉、锁钩内侧面、辅助锁运动副、隔离锁接触面、主锁、辅助锁、隔离锁等接触和活动部位需清洁并润滑，同时清洁并润滑紧急解锁电磁阀连接杆。

(5)车门机构及门锁位置调整

通过目视检查车门机构主锁、辅助锁、隔离锁工作状态，使用直尺、塞尺及专用测量样板测量关门及隔离门过程中主要关键位置间隙尺寸，在此过程中需要专用工装对车门系统连接风源和电源，配合上述测量内容。

任务三　车钩及缓冲装置检修

任务描述

车端连接装置是指连接两车或连接两列车的所有机械、空气和电气装置，主要包括车钩、缓冲器、内外风挡及电气与风管连接器等。通过本任务学习，熟悉车钩及缓冲装置的基本组成与各组成部分的作用，包括前端车钩缓冲装置、中间车钩缓冲装置以及过渡车钩；掌握高速动车组车钩及缓冲装置的一级修、二级修、高级修的方法与步骤。

知识链接

1. 前端车钩缓冲装置

前端车钩缓冲装置安装在动车组的头尾两端，为全自动密接式缓冲装置。前端车钩缓冲装置带电气连接器，可以实现机械、气路和电路的自动或手动连接和分解；前端车钩缓冲装置采用大容量气液缓冲器和后置压溃管，可以吸收动车组在正常运行和连挂过程中产生的能量和多余冲击能量。

前端车钩缓冲装置主要由连挂系统、缓冲系统、安装吊挂系统和连接卡环构成。前端车钩缓冲装置组成如图 2-3-1 所示。

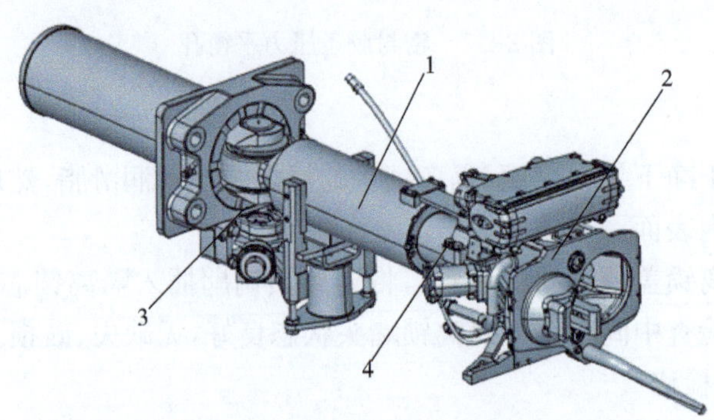

1—缓冲系统；2—连挂系统；3—安装吊挂系统；4—连接环组成。

图 2-3-1　前端车钩缓冲装置

连挂系统用于实现车辆间的机械、电气和风路的连接，并作为风管连接器和电气连接器的安装载体，具有连挂到位指示功能。

车钩缓冲系统采用大容量气液缓冲器、环簧和橡胶轴承，拉伸方向的缓冲通过环簧和橡胶轴承来实现，压缩方向的缓冲通过气液缓冲器和橡胶轴承来实现，可以满足高速连挂时的能量吸收。

安装吊挂系统采用橡胶支持和机械对中方式，可以提供车钩缓冲装置的水平支撑和机械对中，同时保证车钩缓冲装置的转动性。

连接卡环用于连接缓冲系统和连挂系统，当缓冲系统和连挂系统的圆形法兰对齐后，分别放入上下两半卡环，然后将卡环螺栓螺母拧紧即实现连接。

(1)连挂系统

连挂系统用于实现车辆间的机械、电气和风路的连接，并作为风管连接器和电气连接器的安装载体，具有连挂到位指示功能。连挂系统由机械车钩、风管连接器、反馈装置、电气连接器和电气连接器推送机构等组成，如图 2-3-2 所示。

①机械车钩

机械车钩用于实现车钩之间的机械和风路的连挂分解，设置连挂导引杆增加车钩可连挂的范围。机械车钩详细结构如图 2-3-3 所示。

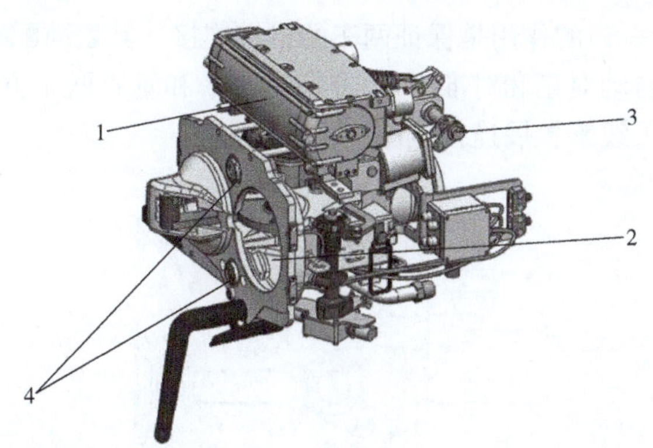

1—电气连接器；2—机械车钩；3—电气连接器推送机构；4—风管连接器。

图 2-3-2　连挂系统

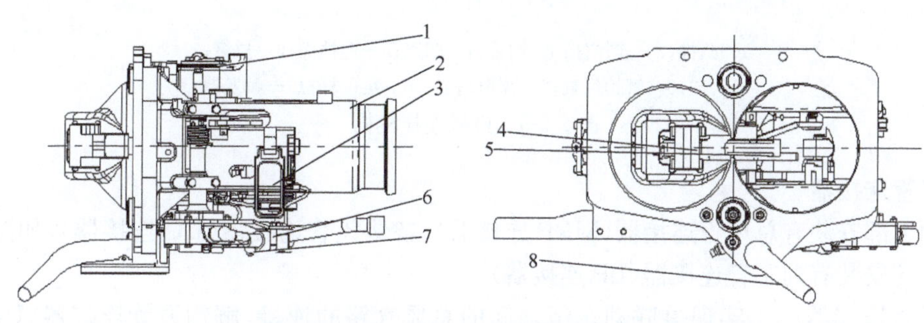

1—BP 连接器；2—钩体；3—解钩手柄；4—连挂杆；
5—钩舌；6—MRP 连接器；7—UC 连接器；8—连挂导引杆。

图 2-3-3　机械车钩

车钩在承受拉伸载荷时，车钩的连挂杆分别钩住对方车钩的钩舌，这样两钩钩舌和两个连挂杆形成一个平行四边形，由于该平行四边形两对边力大小相同，产生的转动力矩方向相反，因此该平行四边形机构总能保持平衡。通过这个稳定的四边形结构，两个连挂杆可以将列车间的纵向牵引力传递到车钩的钩舌板，并通过钩舌板的中心轴传递到钩体上。当车钩承受压缩荷载时，平行四边形结构不受力，车钩间的压缩荷载通过车钩的连挂面顶靠进行传递。车钩的工作原理如图 2-3-4 所示。

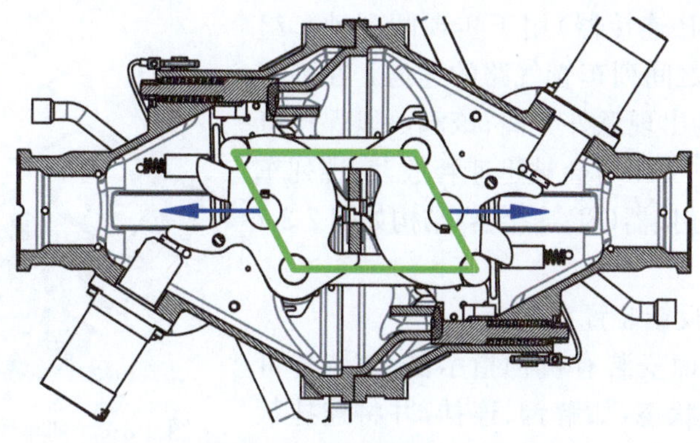

图 2-3-4　车钩的工作原理

机械连挂机构(图 2-3-5)的作用是保证两车的机械连接。其表面配有一个凸锥(1)和一个凹锥(4),使得车钩可以自动对正和对准中心,并使得水平和垂直两个方向都有足够的活动范围。采用导向喇叭和延长线来扩展连挂范围。

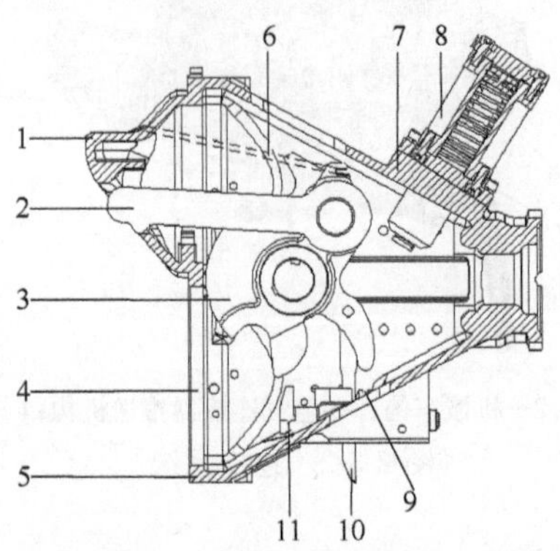

1—凸锥;2—连挂杆;3—钩舌;4—凹锥;5—连挂面;6—拉簧;
7—钩体;8—解钩风缸;9—顶筒组成;10—定位杆;11—触发器。

图 2-3-5 机械连挂机构

②风管连接器

车钩下部安装有总风管连接器(MRP 连接器)、解钩风管连接器(UC 连接器),如图 2-3-6 所示。上部安装有列车管连接器(BP 连接器)。

总风管连接器用于实现重联动车组之间的总风气路的连接,解钩风管连接器(UC 连接器)可以实现重联动车组前端车钩之间解钩气路的连通。两种连接器都具有自动开闭的机构。

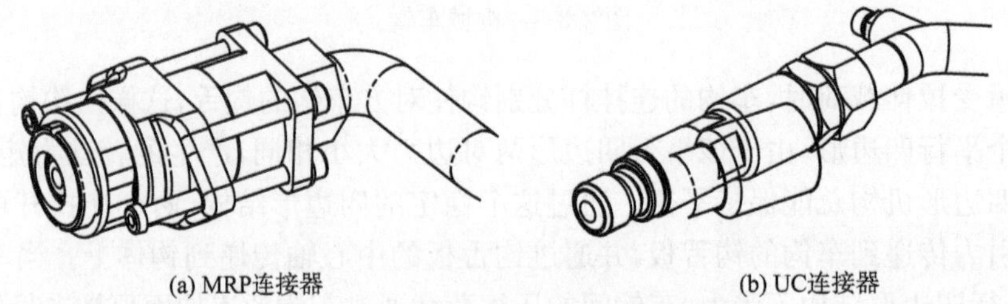

(a) MRP连接器　(b) UC连接器

图 2-3-6 MRP 连接器和 UC 连接器

列车管连接器(BP 连接器)用于实现两列动车组之间或机车与动车组之间列车管气路的连通。在列车运行过程中,如果车钩出现意外分离,该阀可以保持打开状态,列车管中的空气压力会被迅速释放,实现列车的停车制动。列车管连接器(BP 连接器)结构如图 2-3-7 所示。

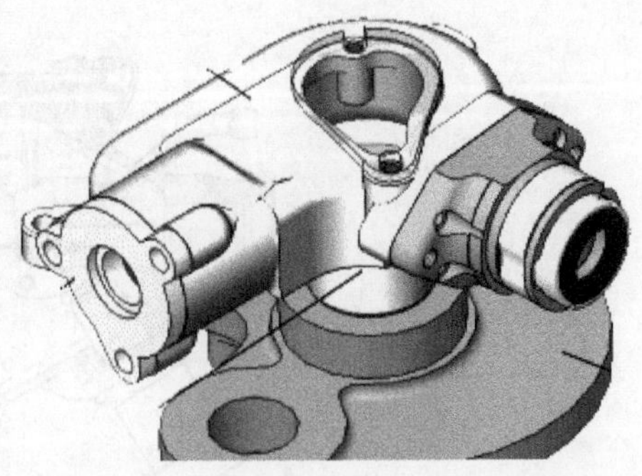

图 2-3-7 列车管连接器(BP 连接器)

③机械车钩信号反馈装置

在机械车钩的侧面安装有机构指示器,该装置可以检测到车钩的连挂状态,如解钩、连挂,并将连挂状态以通断的电信号方式传递到车辆上。

前端车钩的机械车钩信号反馈装置是在解钩手柄转轴下部安装两个行程开关，通过与旋转轴同心的凸轮旋转控制行程开关的通断，来实现对连挂状态的检测。信号反馈装置位置如图 2-3-8 所示。

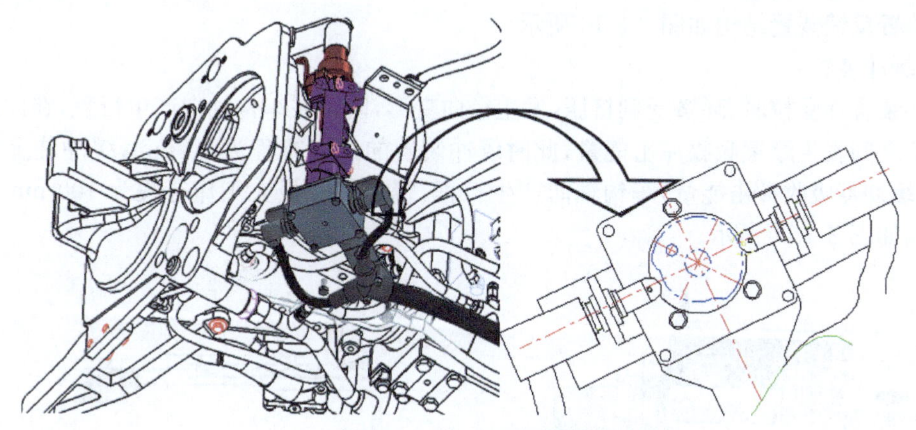

图 2-3-8　信号反馈装置

④电气连接器及推送机构

电气连接器安装在推送机构上，用于实现列车之间的电气信号的连接。当机械车钩连挂完成后，推送机构带动电气连接器自动推出实现电气连挂；当机械车钩分解后，推送机构带动电气连接器被自动推回实现电气连接器分解。

推送机构安装在机械车钩的上部，由一个气缸推动，从而使电气连接器实现伸出和缩回，当列车连挂时，机械车钩连挂完成后，推送机构的推送风缸充风带动电气连接器伸出，在此过程中，电气连接器封盖顶推对面封盖，实现封盖的自动打开，推送机构的连杆机构在气缸的推动下最终到达锁定位置。连挂完成后，如果推送气缸中的风压意外下降或消失，由于锁定机构的机械锁定作用，使连杆机构无法反向旋转，即电气车钩被固定连挂位置，电气连接器及推送机构如图 2-3-9 所示。

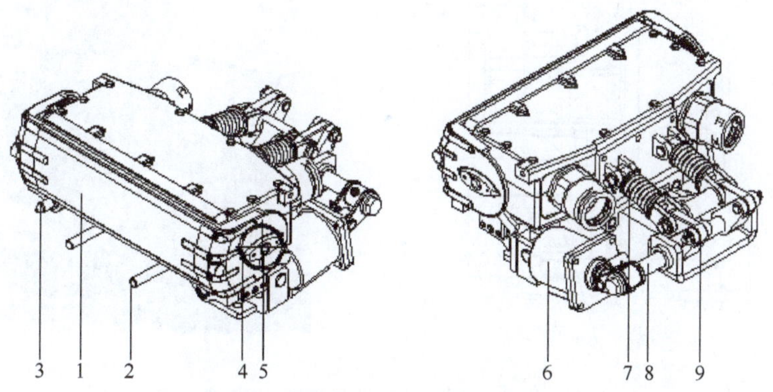

1—封盖；2—定向杆；3—定位销；4—封盖弹簧；5—封盖轴承；
6—气缸；7—压缩弹簧；8—操纵杆；9—衬套。

图 2-3-9　电气连接器及推送机构

⑤电气连接器位置反馈装置

前端车钩具有电气连接器推出和缩回位置信号反馈。前端车钩电气连接器位置反馈装置原理上采用了检测推送机构中推送气缸活塞杆的推出和缩回位置,来表示电气连接器推出和缩回位置。具体方案为:利用推送气缸带磁环活塞和磁控开关相互配合实现该功能,活塞上的磁环能驱动磁控开关输出通断信号,表明了活塞的位置,也即表明了电气连接器的位置。电气连接器位置反馈装置结构如图 2-3-10 所示。

(2)缓冲装置

缓冲装置在受拉时,环簧受到挤压,发生径向变形,同时在车钩轴向产生行程,在此过程中内外环簧之间发生摩擦吸收冲击能量,此时缓冲装置的最大行程为 30 mm;缓冲装置在受压时,气液缓冲器吸收冲击能量,车钩轴向产生行程,缓冲装置最大工作行程为 100 mm。缓冲装置结构如图 2-3-11 所示。

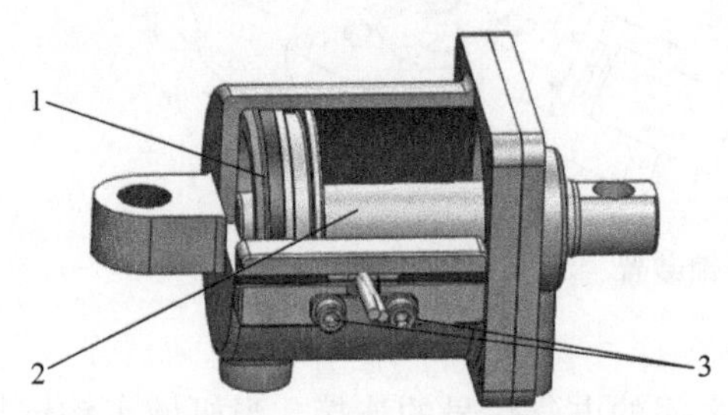

1—推送气缸;2—带磁环活塞;3—磁控开关。

图 2-3-10　电气连接器位置反馈装置

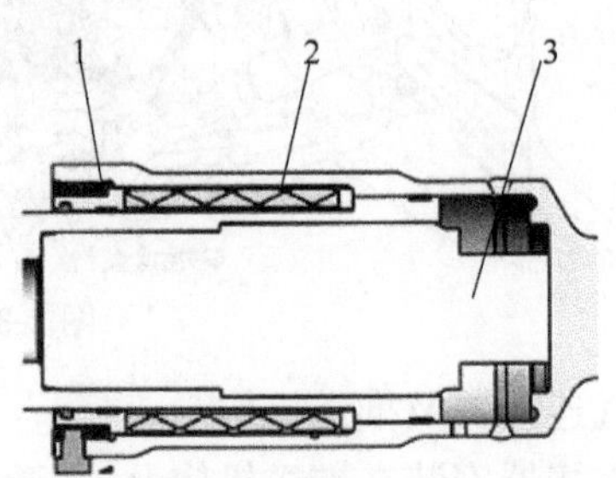

1—缓冲器壳体;2—环簧;3—气液缓冲器。

图 2-3-11　缓冲装置

(3)安装吊挂系统

安装吊挂系统主要起到四个作用:将前端车钩连接到车体并传递纵向力;使用悬臂结构支承前端车钩;当前端车钩在水平方向偏离中心线时,自动将其回复到中间位置,便于连挂;安装吊挂系统中的加压座也是压溃装置的加压装置。安装吊挂系统结构如图 2-3-12 所示。

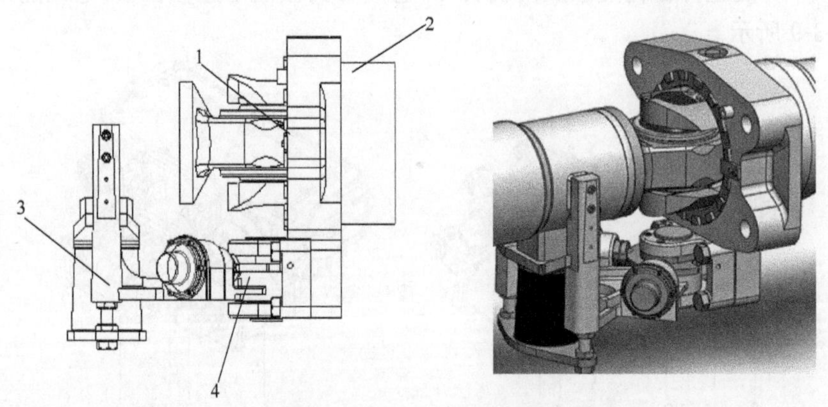

1—回转机构;2—安装座;3—支撑机构;4—对中机构。

图 2-3-12　安装吊挂系统

(4)连接卡环

连接卡环用于连接缓冲装置和连挂系统,当缓冲装置和连挂系统的圆形法兰对齐后,分别放入上下两半卡环,然后将卡环螺栓螺母拧紧即实现连接。连接卡环结构如图 2-3-13 所示。

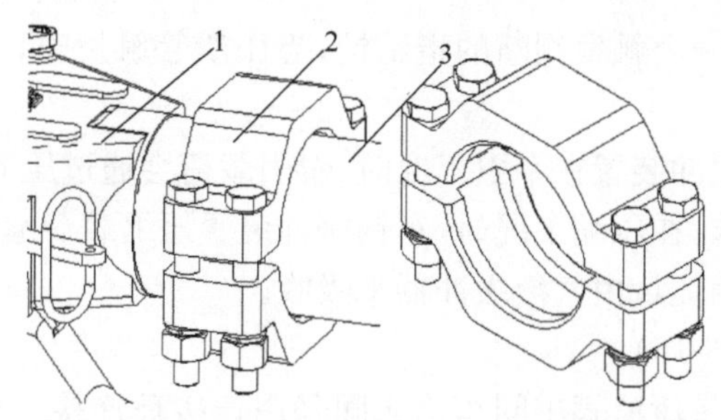

1—连挂系统；2—连接环组成；3—缓冲装置。

图 2-3-13　连接卡环

2. 中间车钩缓冲装置

中间车钩缓冲装置包括带缓冲器中间车钩和带压溃管中间车钩两种，在同一断面内成对配合使用，实现车辆之间的机械连接和气路连通。两种车钩之间用连接环进行手工连接，同时实现气路的连通。

带缓冲器中间车钩包括安装座、钩尾销、拉环橡胶轴承组成、缓冲系统、连接环和风管连接器等零部件；带压溃管中间车钩包括安装座、钩尾销、拉环橡胶轴承组成、压溃管组成及风管连接器零部件。两种车钩的结构如图 2-3-14 所示。

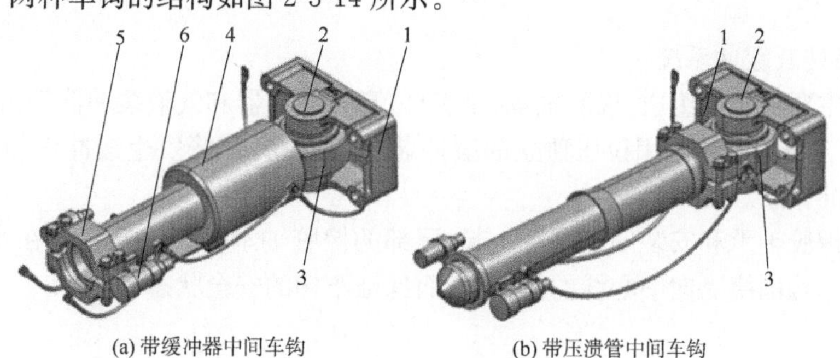

1—安装座；2—钩尾销；3—橡胶轴承组成；4—缓冲系统；5—连接环；6—风管连接器。

图 2-3-14　中间车钩缓冲装置

带缓冲器中间车钩内装有环簧和气液缓冲器，带压溃管中间车钩装有压溃管装置，用于吸收列车运行过程中产生的冲击能量。

(1)压溃管组成

带压溃管中间车钩采用膨胀式压溃管(图 2-3-15)。压溃管具有较大的能量吸收能力，当列车在运行或连挂过程中发生碰撞，钩缓装置受到的纵向压缩载荷大于设定值时，压溃管就发生作用产生塑性变形，最大限度吸收冲击能量，以达到保证车上旅客人身安全和保护车辆设备的目的。

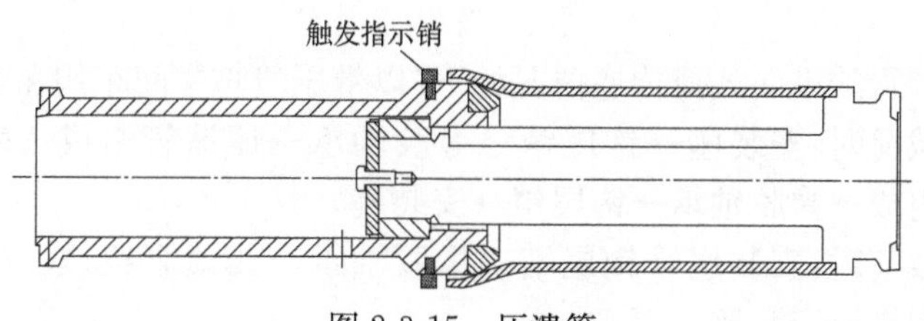

图 2-3-15　压溃管

压溃装置上部设置了一个触发判断的指示销，当压溃管触发时，指示销被剪断，由此来判断压溃管触发。

在正常使用中，车钩缓冲装置在牵引工况时，牵引载荷会通过压溃装置内部的刚性连接来传递，变形元件不受到影响；在压缩工况时，车钩缓冲装置压缩载荷远低于压溃装置设定力值，变形元件不发生动作，压缩能量由气液缓冲器来吸收。

(2)连接环组成(图 2-3-16)

带缓冲器中间车钩和带压溃管中间车钩之间采用连接环连接。这种连接卡环齿深较大、安装和分解操作都较为容易。

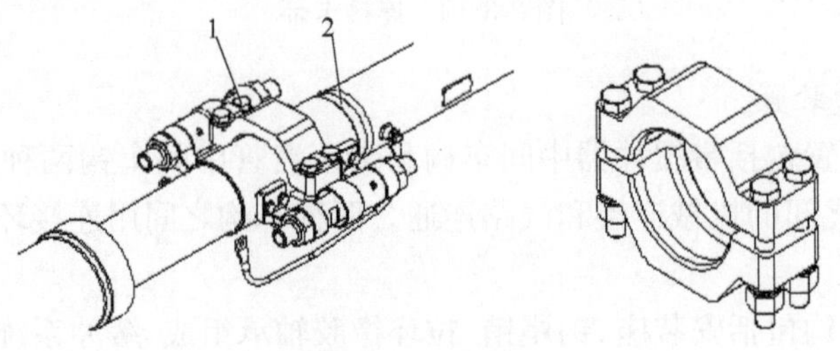

1—连接环；2—牵引杆。

图 2-3-16　连接环组成

(3)安装吊挂及缓冲系统

缓冲系统主要由壳体组成、橡胶轴承、牵引杆、环簧缓冲器和气液缓冲器等组成，其结构如图 2-3-17 所示。缓冲系统采用拉压独立的缓冲装置，受拉时环簧发生缓冲作用，受压时气液缓冲器起到缓冲作用。

钩尾销将橡胶轴承和安装座连接在一起，尾部的橡胶轴承可以保证车钩在水平和垂直方向上的转动及车钩围绕纵向中心线的扭转，从而保证车钩的安全状态。

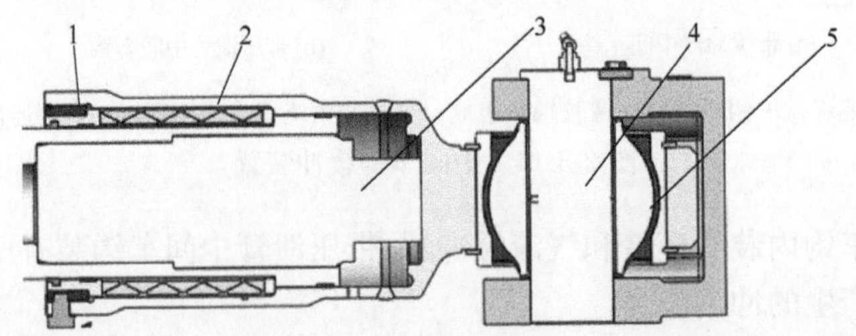

1—缓冲器壳体；2—环簧缓冲器；3—气液缓冲器；4—钩尾销；5—橡胶轴承。

图 2-3-17　安装吊挂及缓冲系统结构示意图

(4)工作原理

带压溃管中间车钩和带缓冲器中间车钩之间用连接环进行手工连接，同时也实现了气路的连通。

中间车钩缓冲装置的纵向载荷传递情况如下(以带压溃管中间车钩在前为例)：

传递纵向拉伸载荷时：安装座→钩尾销→橡胶轴承→压溃管组成→牵引杆→连接环→环簧缓冲器→壳体组成→橡胶轴承→钩尾销→安装座。

传递纵向压缩载荷时：安装座→钩尾销→橡胶轴承→压溃管组成→牵引杆→气液缓冲器→橡胶轴承→钩尾销→安装座。

3. 过渡车钩

过渡车钩采用统型过渡车钩的两个模块(图 2-3-18)：1 000 mm 钩高 10 型过渡钩模块和机车过渡钩模块。

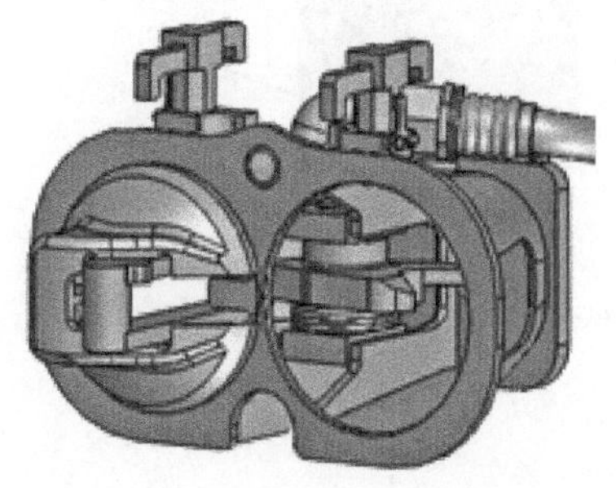

(a) 1 000 mm 钩高10型过渡钩模块

(b) 机车过渡钩模块

图 2-3-18　过渡车钩

使用过渡车钩模块组合可以实现列车与机车、所有型号动车组的连挂。

(1)1 000 mm 钩高 10 型过渡钩模块

1 000 mm 钩高 10 型过渡钩模块由焊接钩体、锁闭机构、辅助挂钩和风管四部分组成，如图 2-3-19 所示。焊接钩体与锁闭机构组成一个完整的机械连挂系统，可与 10 型车钩连挂。借助辅助挂钩来实现与正式车钩的机械连挂。

传递纵向拉伸载荷时：锁闭机构→主轴→焊接钩体→插隼结构→插销。

传递纵向压缩载荷时：焊接钩体整体承载。

(2)机车过渡钩模块

机车过渡钩模块主要由三块横向支撑板、外围蒙板和后座板等焊接而成，如图 2-3-20 所示。相比于铸件而言，焊接结构质量较轻。在过渡车钩的侧边加装了防跳装置。

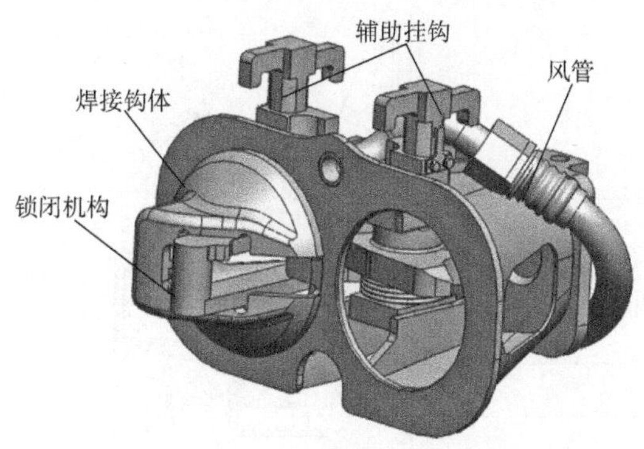

图 2-3-19　1 000 mm 钩高 10 型过渡钩模块

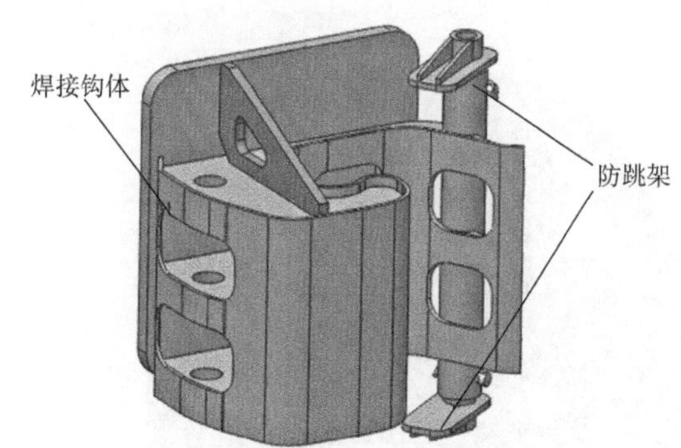

图 2-3-20　机车过渡钩模块

传递纵向拉伸载荷时：焊接钩体→插隼结构→插销。

传递纵向压缩载荷时：焊接钩体整体承载。

上防跳装置配有 2 个安装孔(图 2-3-21 中件号 1、件号 2)，下防跳装置配有 3 个安装孔(图 2-3-21 中件号 3、件号 4、件号 5)，图 2-3-21 中 A 为存放时状态，B 为工作时状态。正常工作时，上防跳装置使用 B 中件号为 2 的孔，下防跳装置使用件号为4 的孔。

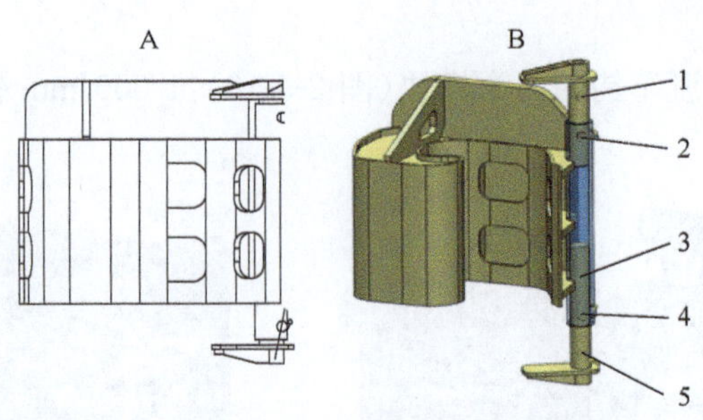

图 2-3-21　机车过渡钩模块状态

任务实施

技能训练：车钩及缓冲装置检修与维护

1. 车钩及缓冲装置一级修

高速动车组一级修过程中没有车钩缓冲器检修内容。

2. 车钩及缓冲装置二级修

前端车钩缓冲装置检修前，将头罩开闭机构供风管路截断塞门关闭，防止挤伤。在前端车钩检修完毕后恢复截断塞门。

(1)前端车钩缓冲装置检修(图 2-3-22)

①目视检查，检查机械车钩、电钩推送装置、缓冲装置及安装吊挂装置，确认无裂纹、变形，螺栓紧固无松动，弹簧无变形、断裂，橡胶件无老化、变形、龟裂。

②使用压缩空气、毛刷和抹布进行彻底清洁；若表面油漆损伤，清洁损伤面后，使用砂纸打磨，先喷涂底漆待干燥后喷涂面漆。

(2)机械车钩检修(图 2-3-23)

图 2-3-22　前端车钩缓冲装置

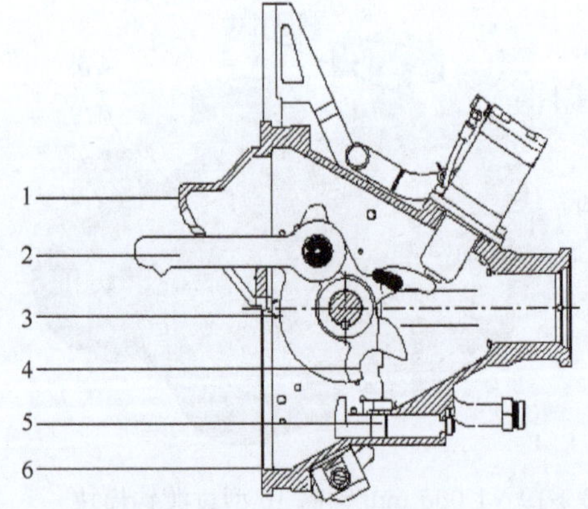

1—凸锥和凹锥的导向面；2—连挂杆；3—钩舌；4—钩舌的后侧；5—定位杆；6—车钩连挂面。

图 2-3-23　机械车钩

清理车钩连挂面、钩舌、连挂杆和各风管连接器，去除杂物，用无绒布擦干净。润滑机械车钩头部零部件。

手动触发车钩，使机械车钩连挂组成处于连挂位，检查连挂指示标志位置正确，如图 2-3-24

所示。拉动解钩手柄，检查连挂机构是否灵活，解钩到位后检查机械锁定牢固，解钩指示标志位置正确，如图 2-3-25 所示。

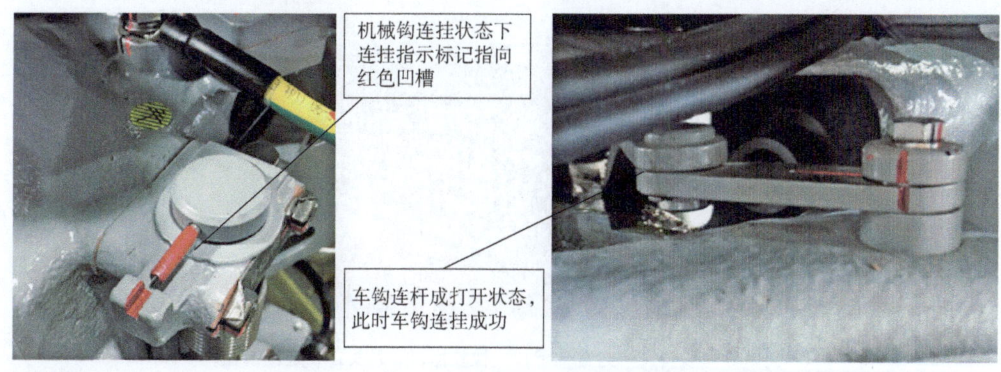

图 2-3-24　机械车钩连挂到位示意

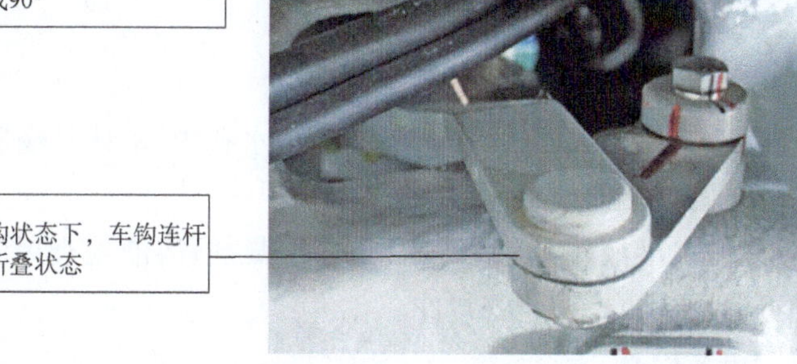

图 2-3-25　机械车钩解钩到位示意

检查触发器状态，单钩待挂状态下，检查触发器后端的螺母应贴靠在钩体上，不存在间隙，如图 2-3-26 所示。

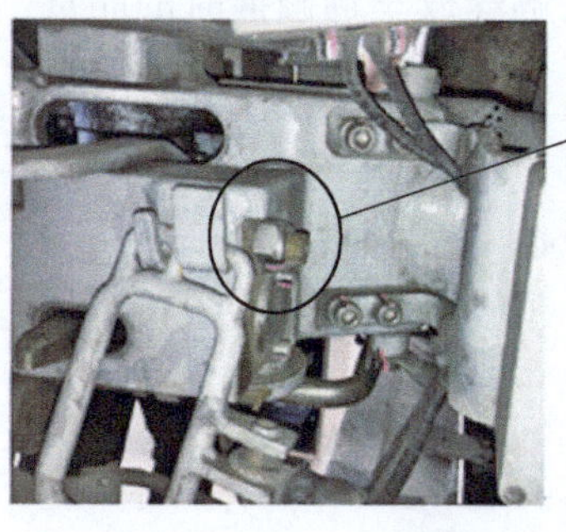

图 2-3-26　机械钩单钩待挂状态螺栓位置示意

(3)电气车钩检查(图 2-3-27)

①使用干净无纺布清洁橡胶框；用干净干燥的无绒布清洁触头和触头块。

②检查所有接触体的状态，包括插针、插孔、动触头和静触头，确认各接触体无折损、变形、变色、电蚀、脏堵等异常，若有折损、变形、变色、电蚀异常则应进行更换。

③对封盖导向装置、封盖轴承、橡胶框、定位销孔进行润滑。

1—封盖导向装置；2—封盖轴承；3—橡胶框；4—触头；5—定位销孔。

图 2-3-27　电气车钩

(4)风管接头检修

使用肥皂溶液或 LEAKFINDER(检漏剂)溶液检查风管连接端面是否存在泄漏，如有必要，重新紧固或更换橡胶密封件。

(5)机械车钩检查

使用一根铁丝或硬线，插入机械钩排水孔内，确认其畅通。

(6)风管连接器检查

使用肥皂溶液或 LEAKFINDER(检漏剂)溶液检查风管连接端面是否存在泄漏，如有必要，重新紧固或更换橡胶密封件。

(7)电线检查

检查电线无破损，如有破损，进行更换；检查电线紧固良好，如有松动，进行紧固；检查接地线与车体连接的紧固是否可靠，如有松动，进行紧固。

(8)压溃管检查

检查压溃管是否触发，压溃管的作用是缓解释放车辆碰撞时的能量，如红色销折弯或消失，需更换压溃管，如图 2-3-28 所示。

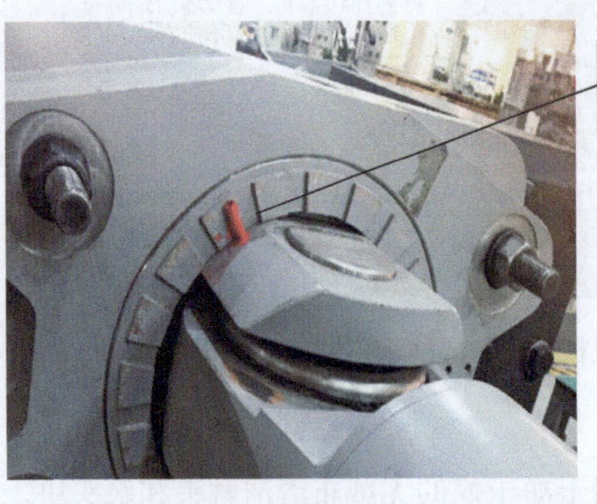

图 2-3-28　压溃管触发指示

3. 车钩缓冲装置高级修

(1)全自动车钩清洁

①机械车钩清洁(图 2-3-29)

清理车钩连接面、钩舌、连挂杆和各风管连接器,去除杂物,并使用抹布清理干净;清理车钩凹凸锥表面及车钩头内腔可操作范围内的油污及锈迹,油漆破损处找补油漆;清理钩舌止推垫片处油污,疏通触发器和钩体孔;清洁注油嘴胶盖,损坏的更新;连挂面、缓冲器、机械车钩、钩体等可操作范围内存在锈蚀时清除并找补油漆。

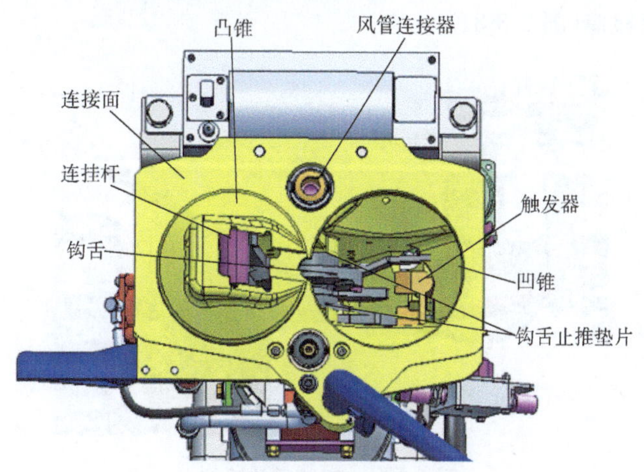

图 2-3-29　机械车钩清理部件位置示意

②电气车钩推送机构、解钩指示系统及连接环清理(图 2-3-30)

用清洗剂清洗电气车钩导向杆表面油污;清理推送气缸连接座销轴处的油污。

清理解钩杆与解钩指示组成连接销轴处的油污和锈迹;疏通连接环下半环排水孔。

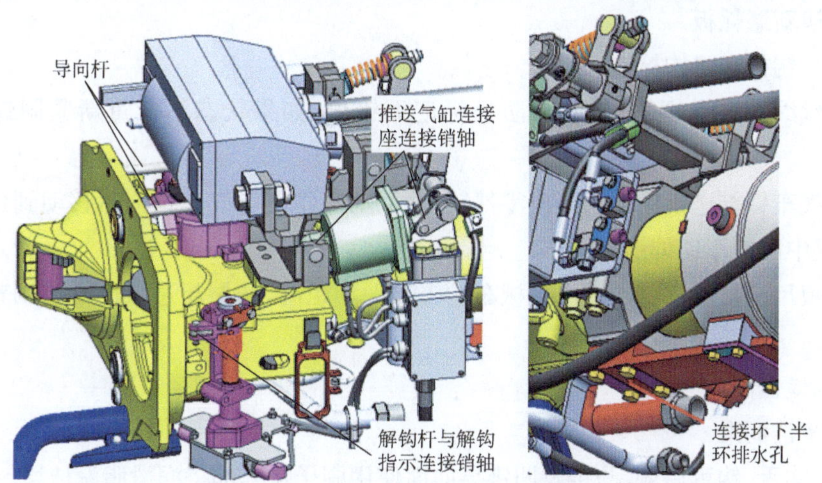

图 2-3-30　电气车钩推送机构、解钩指示系统及连接环

(2)全自动车钩检修

①外观结构检修

目视检查车钩外观,整体结构无损伤,如果车钩外观损伤则整体更换相应配件,检查车钩

可操作范围内零部件无锈蚀，表面油漆无破损。

②车钩钩头检修

检查机械车钩、连接杆、钩舌和弹簧安装固定良好，无破损、锈蚀，检查卡环无损坏；拉动解钩绳手柄检查钩舌转动灵活无卡滞。

③缓冲器及压溃系统检修

目视检查缓冲器无漏油现象；目视检查缓冲器防转块无变形，若存在变形故障时，应重新更换防转块；目视检查压溃管触发指示钉有无触发、脱落。

④安装吊挂系统检修(图 2-3-31)

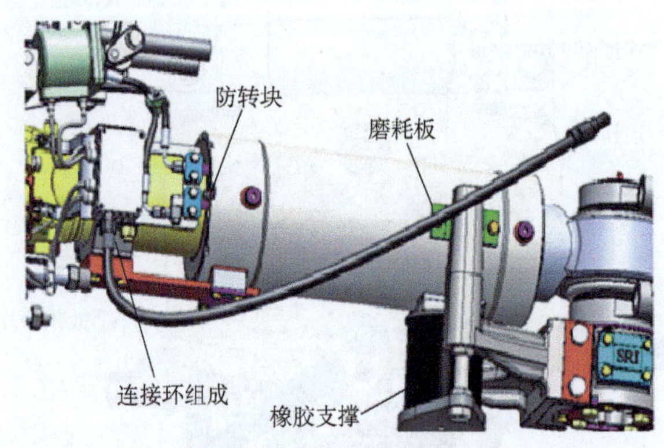

图 2-3-31　安装吊挂系统

目视检查安装吊挂系统无损坏、变形、破裂和零件缺失，紧固件齐全，防松标记无错位，橡胶支撑无破损、裂纹；目视检查对中装置，零件无缺失、变形及损坏。

检查磨耗板是否完整，目视检查磨耗板固定螺栓无松脱或缺失；若磨耗板存在裂纹，损坏或丢失则更换新磨耗板。

⑤电气车钩推送机构检修

检查钢丝绳固定卡螺栓无缺失，防松标记无错位，如果状态不良重新紧固螺栓更换紧固件。

检查电气车钩推送机构无损坏或零件缺失，手动操作使电气车钩前后移动到伸出和缩回位，动作过程中电气车钩伸缩顺畅。

使用钢板尺测量电气车钩凸出机械车钩头部平均距离，如果超过限度要求调整推送机构的压簧长度。

(3)车钩检修润滑

①车钩清洁润滑

连挂杆、钩舌、钩舌后侧、凸锥及凹锥导向面使用刷子从外部将润滑脂涂抹均匀。

在解钩杆销轴、气缸连接座等活动的销轴处，触发器与钩体之间，顶筒外圆以及与钩体孔内进行润滑。

下卡环与螺栓缝隙注满润滑脂，钩舌止推垫片处进行润滑，但电气车钩推送机构导杆不允许润滑。

②触发器功能检查

在车钩处于待连挂状态下，观察顶筒(图 2-3-32)圆弧顶面与定位杆侧面应接触。若圆弧顶面与定位杆侧面没有接触，说明顶筒有卡滞，需要拆卸修复。

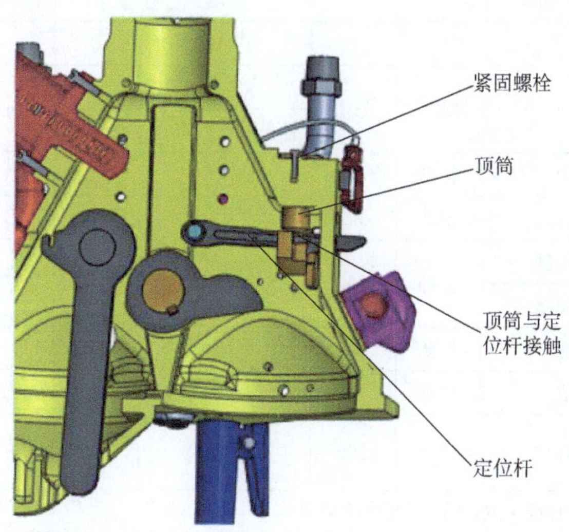

图 2-3-32　顶筒检修

触发器状态检查：在触发器检查前，如果连接压缩空气，应关闭列车管风源，避免压缩空气伤人。人工推动车钩触发器，使车钩处于模拟连挂状态后，拉动解钩手柄到全开，此时若听到触发器复位的“啪嗒”撞击声，表明车钩已到待挂位，松开解钩手柄，连挂杆不伸出，顶筒和触发器状态良好。检查连挂机构是否灵活，顺畅复位。

③车钩管路连接检查(图 2-3-33)

检查主风管连接器组成、BP 阀组成、解钩风管连接器组成结构良好，无变形、裂纹，紧固件状态良好。若零件出现裂纹、变形或缺失需更换新件。

更换主风管连接器、BP 阀、解钩风管连接器前端密封垫(图 2-3-34)。检查压簧橡胶柱，老化、变形时更换。

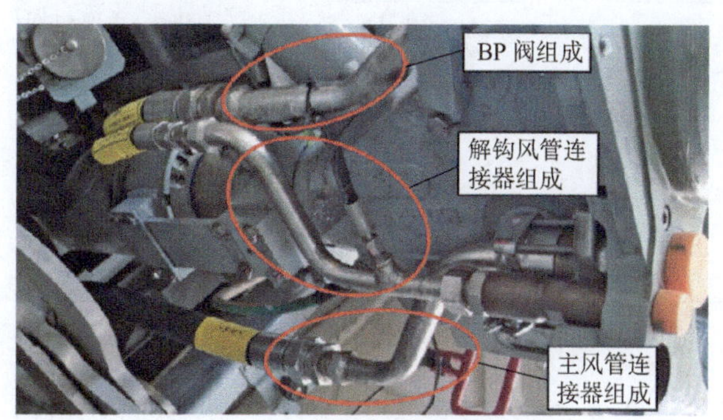

图 2-3-33　车钩管路连接检查

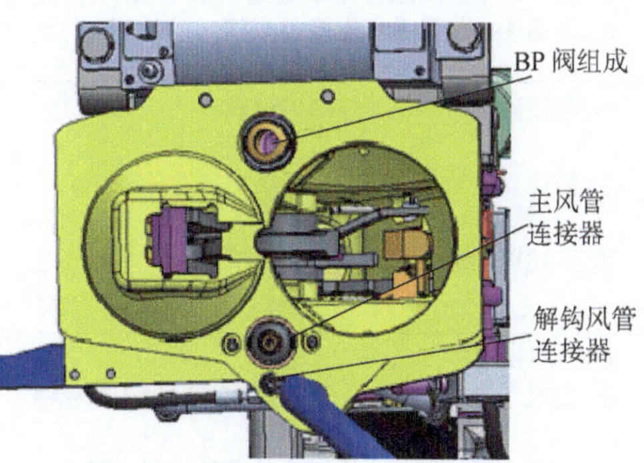

图 2-3-34　车钩风管密封垫更换示意

项目评价

考核评价表

姓名		班级		学　号				
学习领域				成　绩				
项点	观　测　点	评价人	分值	得　分			计分项	项点得分
				任务一	任务二	任务三		
自我行为规范	自觉守时行为	教师	50				A	K1=(A+B)×30% A、B为各任务的平均分
	自觉按规章操作	团队	50				B	
学习过程考核	发现问题分析问题	教师	100				C	K2=C×30% C为各任务的平均分
	积极主动解决问题							
学习结果考核	实际操作技能	团队	50				D	K3=(D+E)×20% D、E为各任务的平均分
	日常课业完成	教师	50				E	
生活行为考核	节约能源爱护环境	团队	100				F	K4=F×20% F为各任务的平均分
合计(K=K1+K2+K3+K4)								

巩固与练习

学生工作单

工 作 单	高速动车组车体、车门及连接装置检修		
目　　标	1. 了解高速动车组车体、车门及连接装置的基本知识。 2. 掌握高速动车组车体、车门及连接装置的检修方法。 3. 能完成高速动车组车体、车门及连接装置的一、二级修及高级修检修内容。		
班　　级		姓　　名	
学习小组		工作时间	

【知识认知】

1. 动车组车体采用铝合金材料，此材料具有________、________、________和________等特性。

2. 动车组车体外型设计成流线型，有效地减小________，提高了________。

3. 车端连接装置是指连接两车辆间的所有________、________和________装置，主要包括________、________、________及________等。

4. 简述高速动车组车体结构组成。

5. 简述高速动车组客室车门结构。

6. 简述前端车钩机械车钩的组成。

【能力训练】

1. 完成车体车顶部件一级修操作并记录步骤流程。

2. 完成车门二级修润滑操作并记录步骤流程。

3. 完成机械车钩二级修检修操作并记录步骤流程。

项目三　高速动车组转向架检修与维护

学习目标

1. 知识目标

(1)了解高速动车组转向架的基本结构组成。

(2)了解高速动车组构架、二系悬挂、牵引装置的结构组成。

(3)掌握高速动车组转向架各部件不同检修级别的检修内容。

(4)掌握高速动车组转向架各部件不同检修级别的检修方法。

(5)熟悉高速动车组转向架各部件不同检修级别的检修流程。

2. 能力目标

(1)会拆装轮对、轴箱、空气弹簧、牵引装置等部件。

(2)能进行轮对尺寸测量和轮对修形。

(3)能对车轮孔和车轴孔进行打磨和尺寸测量。

(4)能对二系悬挂的构件进行检修。

(5)能对牵引装置进行检修。

3. 素质目标

(1)能够节约资源,自觉爱护设备,培养学生责任意识。

(2)能够进行良好沟通和交流,培养学生团队合作精神与职业道德。

任务一　构架检修维护

任务描述

转向架是高速动车组最重要的组成部件,转向架分动力转向架和非动力转向架。转向架主要由轮对和轴箱、弹簧悬挂装置、构架、车体与转向架间的纵向牵引装置、驱动装置和基础制动装置组成,如图 3-1-1 所示,其中构架是转向架的骨架,它将转向架的各个零部件组成一个整体。通过学习本任务,熟悉构架的基本组成与各组成部分的作用,掌握高速动车组构架的一级修、二级修、高级修的方法与步骤。

知识链接

1. 构架分类及作用

高速动车组转向架构架分三点式动力转向架构架、三点式非动力转向架构架。构架作为转向架及附件的支撑结构,承载、传递各作用力及载荷,其结构、形状、尺寸应满足轮对轴箱组成、悬挂系统、驱动装置、基础制动装置等系统部件的组装要求,以及转向架起吊功能。动力转向架构架和非动力转向架构架结构分别如图 3-1-2、图 3-1-3 所示。

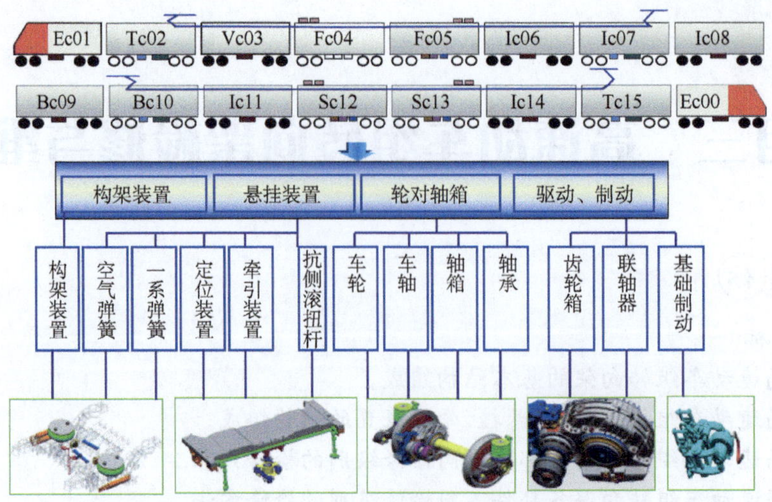

图 3-1-1　高速动车组转向架结构

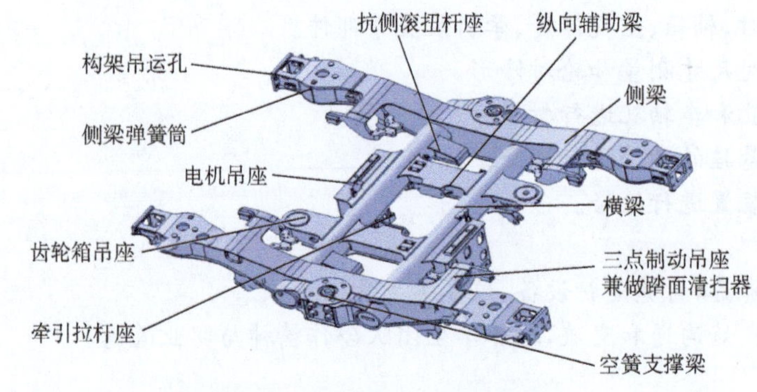

图 3-1-2　动力转向架构架结构

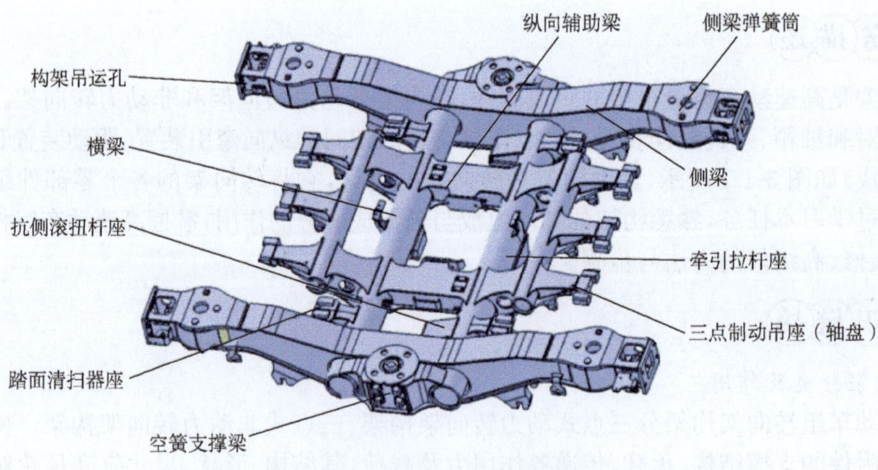

图 3-1-3　非动力转向架构架结构

2. 构架的结构

构架为钢板焊接结构，主体框架呈 H 形，由两侧梁、横梁、纵向连接梁、空气弹簧支承梁及其他焊接附件构成。

(1)侧梁

动力转向架和非动力转向架的构架侧梁梁体为箱型结构，侧梁端部为轴箱弹簧筒结构，它与侧梁主体相连接的断面是柔滑过渡，以此达到减缓应力集中的目的。侧梁材质采用牌号为 S355J2W 的焊接结构耐候钢板。三点式动车侧梁端部焊有轮盘制动吊座兼做踏面清扫器座。

(2)横梁

横梁采用牌号为 SMA490BW 的无缝钢管型材。侧面设有空气弹簧座，其内腔为空气弹簧用的辅助空气室。

三点式动力转向架构架的横梁上焊有用于焊接结构的压形钢板制成的牵引电机吊座、齿轮箱吊座等。靠车端方向的牵引电机座还兼作牵引装置的单牵引拉杆座。

三点式非动力转向架构架的横梁上焊有轴盘制动吊座等。与动力转向架一样，近车端处为单拉杆座。

动力转向架三点吊挂构架仅有轮盘制动吊座，非动力转向架三点吊挂构架仅有轴盘制动吊座。

动力转向架构架、非动力转向架构架靠近车端的横梁上焊有由压形钢板制成抗侧滚扭杆安装座。

任务实施

1. 构架一级修

转向架构架无裂纹，转向架各组件无附挂异物，构架上安装的管路无破损，管夹无损伤，紧固螺栓无松脱；构架上安装的线缆无破损，线夹无损伤，紧固螺栓无松脱。

转向架排障装置安装牢固(01 车、00 车)，防松标记无错位；安装臂及托架无裂损、变形，外观状态良好；橡胶板无破损、变形，下部距轨面距离符合限度要求。

转向架控制空气弹簧压力平衡的差压阀无漏风，安装牢固；横向油压减振器外观状态良好，无漏油，安装牢固，检查减振器座无裂纹。

2. 构架二级修

(1)构架组成检查

构架组成外观状态检查。对可视部位进行目视检查，确认构架组成表面无异物击打痕迹、无划伤、磕碰伤，焊缝无裂纹，表面油漆无脱落。构架表面油漆脱落部位需找补油漆。

(2)构架组成安装部件检修

构架组成各部件安装螺栓的防松铁丝或止动垫片状态良好，使用扭力扳手进行扭力校核；防松铁丝断裂或止动垫片破损时须更换，进行扭矩检查，并涂打防松标记。

横向挡无明显破损、龟裂、老化现象，橡胶表面开裂长度 15 mm 以上或深度 5 mm 以上须更换，差压阀状态良好，外观无损伤。

中心销各连接可视焊缝无裂纹，检查减振器托架安装座、拉杆座外观无变形。

各减振器安装座磕碰伤及锐棱部位须打磨消除棱角，圆滑过渡；磕碰伤深度超过板厚 10%但小于 20%时须焊修，焊修后进行磁粉探伤检查。

高度调整阀、保温箱、调整棒，外观状态检查须良好，保温箱无油迹，关节轴承转动灵活。

(3)转向架配线配管

传感器螺旋软管出现局部破损、断裂等缺陷时，允许用绝缘防水材料处理，出现三处以上破损断裂缺陷时更换。配线用各外露密封防水剂脱落、缺损时修复。

管路、电缆安装状态良好，线缆如有破损则更换整套传感器及线缆。

管路接头处密封状态良好。传感器安装位置的防水泥子状态良好，若有脱落则清除后重新封装。

(4)排障装置

转向架撒砂(排障)安装臂与构架安装牢固，构架端部、安装臂和托架无异物击打痕迹、磕碰伤，焊缝无裂纹，无明显变形和损伤，表面油漆无脱落，外观状态良好。

撒砂(排障)装置安装臂及托架表面油漆脱落部位需找补油漆。撒砂(排障)装置无明显机械损伤和变形，各零部件齐全、安装牢固无松动，止转垫片无折断，螺栓安装牢固，防松标记不错位。

撒砂软管、加热器线缆两端固定牢固，软管无抗磨，软管吊链无磨损，固定螺母无松动。撒砂装置喷嘴距轨面高度符合限度要求。

排障器安装牢固(01 车、00 车)，橡胶板无破损、变形，下部距轨面距离符合限度要求。

3. 构架高级修

(1)构架检修

构架组成表面存在划伤、磕碰、腐蚀、磨损等缺陷时，须对缺陷部位进行打磨消除，并确保打磨部位与钢板轧制状态的表面交界处平滑过渡。构架组成表面存在划伤、磕碰、腐蚀、磨损等缺陷时，当缺陷深度大于设计规定但小于设计板厚的 20%且缺陷面积在 400 mm^2 以内，允许通过焊接进行修补。焊接修补时焊接部位在边缘上不可有咬边或重叠，焊接时堆高至少高出钢板轧制面 1.5 mm 以上，然后打磨去除堆高，使之与钢板轧制面高度完全一致，对焊接部位进行表面磁粉探伤检查。

构架组成检修时，须对构架组成表面各外露可视焊缝进行外观状态检查，目视发现裂纹等缺陷时须焊修。构架主体及各安装座之间的焊缝裂纹长度不超过 20 mm 时打磨消除后焊修，焊修后表面打磨圆滑并探伤检查。

外观检查构架组成及各部件外露的螺纹孔，对拆卸部件对应构架安装螺纹孔(如电机吊座、定位臂、制动吊座等)目视检查不得存在缺扣、乱丝、毛刺等现象；螺纹孔存在缺扣、乱丝等现象时焊修。

使用 320 号以上砂纸去除构架定位臂 T 形槽表面的污垢和锈蚀。检查构架 T 形槽，划伤、磕碰等缺陷深度小于 0.3 mm 时，研磨修复，缺陷部位圆滑过渡后磁粉探伤检查，修复后用专用检测芯轴、铅丹膜染色目视检查 T 形槽面的接触面积，要求接触面积需大于 75%，接触面积不足 75%时需用砂轮或刮刀进行局部高点研磨。

构架表面及零部件组装部位油漆不良时须找补油漆。若夹钳吊座上尼龙衬套与构架贴合处存在间隙，使用橡胶锤轻轻敲击尼龙衬套，使其与构架贴合。

(2)构架安装部件检修

抗蛇行减振器托架不分解随构架组成检修时，检查与构架紧固连接的螺栓无松动，低碳钢丝无松动、断裂、缺失；防松标记模糊不清的需校核扭矩后重打。

调整棒托不分解随构架组成检修时，检查与构架紧固连接的螺栓无松动，低碳钢丝无松动、断裂、缺失；防松标记模糊不清的需校核扭矩后重打防松标记；螺栓需校核扭矩。

踏面清扫器不分解随构架组成检修时，检查与构架紧固连接的螺栓无松动，低碳钢丝无松动、断裂、缺失；防松标记模糊不清的需校核扭矩后重打防松标记；螺栓需校核扭矩。

横向挡不分解随构架检修时，螺栓紧固良好并使用 120 号以上砂纸、工业百洁布或白布蘸煤油清理除锈。防松标记不涂打。横向挡无明显破损、龟裂、老化现象。利用钢直尺与塞缝尺检测橡胶表面开裂长度 15 mm 以上或深度 5 mm 以上须更换，橡胶与金属件结合面之间产生开裂且长度超过 1/6 周长且深度超过 5 mm 时须更新。

(3)管路检修

制动空气管路、电线管路、踏面清扫管路等各接头无松动(通过外观检查抗蛇行减振器托架螺栓、踏面清扫器、抗蛇行减振器托架防松标记线无错位进行判定)，电线管路破损穿透时更换。

未分解部件的紧固件上防松标记不清的，需重新校核扭矩后涂打防松标记。防松钢丝、止动垫片状态良好时，只涂打防松标记。

紧固螺栓表面存在锈迹的，要求使用擦车布蘸取稀料或用钢丝刷手工进行清理，并手工刷涂面漆，面漆干后再涂打白色防松标记。

各管路安装管夹无松动、脱落，组装的各管路无抗磨，不符合要求的管路进行调修或更换。管路弯曲变形的允许用冷调的方法适当调整。对于管路严重损伤的应进行更换。表面存在较浅的损伤部位，须用油光锉、油石或细砂纸(180 号以上)等打磨表面圆滑过渡。制动软管外观检查螺纹接套、接头、快速接头无伤痕及变形、腐蚀等异常。金属防护网、保护卷线有损伤、腐蚀等缺陷更换。空气管路活接头拆解时更新其内部橡胶垫；踏面清扫器拆解时，管路接头内橡胶垫需更新。

任务二　轮对轴箱定位装置检修维护

任务描述

动车组轮对承受车辆与线路之间相互作用的全部载荷与冲击，与钢轨形成黏着产生牵引力使车辆前进。轴箱装置是连接轮对与框架的活动关节，用于传递各个方向的力和保证轮对能够适应线路状况而相对于构架上下跳动。通过本任务熟悉高速动车组转向架轮对、轴箱、定位装置的基本构成与原理，掌握轮对、轴箱、定位装置的一级修、二级修、高级修的方法与步骤。

知识链接

轮对轴箱定位装置由轮对组成、轴箱体、轴箱弹簧、一系垂向减振器、定位节点等构成，动车、拖车轮对轴箱定位装置主要结构分别如图 3-2-1、图 3-2-2 所示。

(1)轮对组成

轮对组成包括车轮、车轴、齿轮箱、制动盘等。车轴为空心结构，内孔直径 ϕ30 mm，可通过其对车轴进行超声波探伤。动车车轴中部安装齿轮箱，拖车车轴上安装有 3 个轴装制动盘。动车车轮为直辐板结构，并通过螺栓在两侧安装轮装制动盘。拖车车轮也为直辐板结构，并安

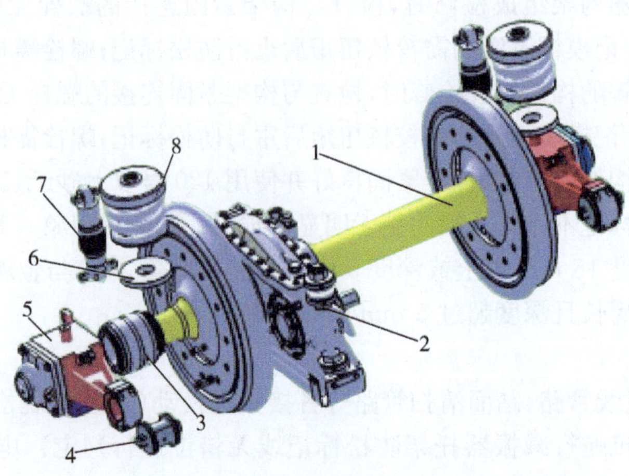

1—轮对组成；2—齿轮箱；3—轴承；4—定位节点；5—轴箱体；
6—防振橡胶；7—垂向减振器；8—轴箱弹簧组成。

图 3-2-1　动车轮对轴箱定位装置结构图

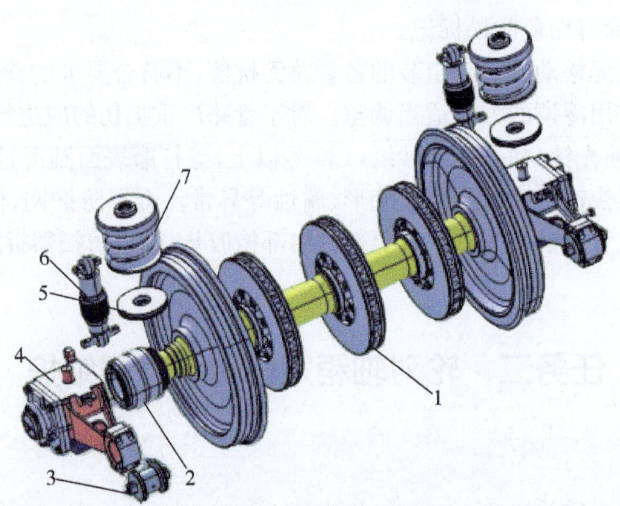

1—轴装制动盘；2—轴承；3—定位节点；4—轴箱体；
5—防振橡胶；6—垂向减振器；7—轴箱弹簧组成。

图 3-2-2　拖车轮对轴箱定位装置结构图

装有降噪板或降噪块以减少轮轨噪声。

(2)轴箱体

轴箱体为保证其刚度，采用铸钢材质，为上下箱体分体式结构，通过定位销定位，紧固螺栓连接，止转垫片进行螺栓止转，保证上下箱体定位准确及连接稳定性。轮对更换时，可将下箱体拆卸，直接落轮对，实现单轮对更换作业。

(3)轴箱弹簧

轴箱弹簧主要承担垂向的载荷作用，其由内外双螺旋弹簧、防雪罩、上下夹板组成，弹簧外圈覆盖一层防雪罩，轴箱弹簧内外圈在预组装放置时，须保证弹簧内外圈底部磨削平面内端部的起始方向的相位角差 180°，在弹簧下夹板上放置好弹簧后，依次安装垫板、绝缘盖和上夹板。

(4)一系垂向减振器

一系垂向减振器采用油压式减振器，减振器通过阻尼来减少轨面传递上来的振动。

(5)定位节点

定位节点的芯轴锥形面朝向轴箱体的相反侧，通过定位节点的定位孔与压盖侧的定位销配合来保证，定位节点通过连接螺栓与构架定位臂连接，起到定位作用。

任务实施

一、轮对检修维护

1. 轮对一级修(图 3-2-3)

(1)检查轮对踏面，目视其无擦伤、剥离、硌伤，卷边(碾边)不过限；目视检查轮缘无缺损，磨耗状态正常。轮对各部(轮径、轮径差、轮缘尺寸、内侧距)尺寸不过限。

图 3-2-3　轮对、踏面检查

(2)轮装制动轮盘螺栓安装牢固，盘面裂纹不过限，检查制动盘摩擦面凹槽、偏磨状态，如目视检查明显，需进行测量，要求不能超限。

(3)车轮注油孔螺堵无松动、缺失；拖车车轮降噪板开胶长度不超限，降噪块安装状态良好，螺栓无松动。

(4)踏面清扫装置检修(图 3-2-4)。踏面清扫装置外观良好，空气管路无漏泄，安装无松动；研磨子剩余厚度不超限；踏面清扫器研磨子与车轮踏面间隙满足 15～23 mm。

图 3-2-4　踏面清扫装置

2. 轮对二级修

(1)轮对尺寸测量

①对轮对尺寸进行人工测量，主要有轮径、内侧距、轮缘高度、轮缘厚度，制动盘磨耗、闸片磨耗，并进行记录，各部尺寸须符合限度要求。

a. 轮径使用轮径测量尺测量，测量点为轮辋内侧面向外 70 mm 处。

b. 轮对内侧距测量使用内侧距测量尺(或符合要求的旋轮设备自带测量设备)，任意三点测量值均须在 $1\ 353^{+3}_{-1}$ mm 范围。

c. 轮缘高度、轮缘厚度测量使用第四种检查器或者上级部门规定的其他专用测量工具。

d. 制动盘磨耗(单侧)可利用制动盘有效摩擦面两端的未磨耗环形带作为基准，以刀口尺定位，用塞尺辅助测量；也可使用定制的专用测量尺进行磨耗测量。

e. 闸片磨耗可用钢直尺直接进行测量。

②检查各车制动盘及闸片，测量制动盘及闸片厚度，各部尺寸符合限度要求。

(2)轮对旋修

①轮对旋修准备

a. 动车组轮对对位到旋轮设备。

b. 旋轮工开启不落轮旋床，升起支撑轮，支撑起待旋修轮对，移出滑轨。

c. 在旋轮床界面输入设备操作员代码、旋修车辆走行公里、旋修车辆类型及轮对轴号等信息。

d. 轮对预测量，对内侧距、轮径、轮径差、车轮端面跳动、踏面径向跳动、轮缘高度、轮缘厚度等进行测量并记录，输入修形参数。

e. 在轮对内侧面靠轮缘处涂抹适量机油。

②轮对修形

a. 启动车床进行轮对修形。

b. 轮对旋修时，旋轮工应时刻注意观察进刀情况、听取切削声音，如有异常，立即使用急停按钮进行停车，并仔细检查车床和刀具，有异常及时处理。

c. 轮对旋修期间须及时清理刀架处铁屑。

③轮对检查

a. 轮对旋修结束后，对内侧距、轮径、轮径差、车轮端面跳动、踏面径向跳动、轮缘高度、轮缘厚度等尺寸进行补测量。

b. 使用 LMA32 型车辆踏面检查样板，对所加工的踏面外形进行检测，其各部间隙不大于 1 mm。

c. 使用 $Ra6.3\ \mu m$、$Ra12.5\ \mu m$ 和 $Ra25\ \mu m$ 三种粗糙度样板对旋修轮对的踏面及轮缘加工表面进行对比检测，确保粗糙度小于 $Ra12.5\ \mu m$。

3. 轮对高级修

(1)车轮检修

①车轮辐板、轮毂、轮辋等部位出现锈蚀、划伤等缺陷时，可打磨修复，修复后须满足表 3-2-1 要求。

表 3-2-1　车轮修复后技术要求

<table>
<tr><th>序号</th><th>缺陷类型</th><th>车轮部位</th><th>修复(公差)</th></tr>
<tr><td>1</td><td>锈蚀/磕碰伤和划伤</td><td>轮毂</td><td rowspan="3">车轮整个表面上允许打磨的深度不大于 0.3 mm;在 2 000 mm^2 的局部区域内允许打磨的深度不大于 0.5 mm</td></tr>
<tr><td>2</td><td>锈蚀</td><td>辐板和轮辋之间的圆弧部位</td></tr>
<tr><td>3</td><td>锈蚀/磕碰伤和划伤</td><td>轮毂端面</td></tr>
<tr><td>4</td><td>锈蚀/磕碰伤和划伤</td><td>辐板</td><td>允许打磨的深度不大于 0.3 mm</td></tr>
</table>

②车轮出现以下情况时须更换:

a. 车轮直径小于 860 mm 时。

b. 车轮轮辋宽度小于 134 mm 限度时。

c. 车轮踏面及轮缘裂纹、缺损、剥离经旋修无法消除。

d. 踏面、轮辋、辐板超声波探伤发现的缺陷超出限度要求且无法消除。

(2)拖车车轮降噪装置检修

①车轮降噪板检修

a. 修复降噪板内外侧破损铝胶带。

b. 降噪板表面磕碰、擦伤、损坏时使用 120 号及以上砂纸打磨去除高点,圆滑过渡。

c. 降噪板脱落面积不得大于 40%。

②降噪块检修

扭矩校核降噪块安装扭矩并涂打防松标记,存在松动或防松标记错位时,须更换整个车轮全部降噪块安装紧固件。

降噪块存在以下缺陷时更换单个降噪块,更换后的降噪块与原降噪块等级相同。

a. 降噪块单层橡胶单处存在长度方向大于 10 mm 或深度方向大于 15 mm 的橡胶缺损时;或单层橡胶块同时存在超过 3 处橡胶缺损。

b. 降噪块橡胶与金属结合面存在开胶时。

(3)分解检修

车轮分解后需进行内孔检修、打磨、测量作业,具体检修方法如下所述:

①车轮内孔检修

a. 清除车轮轮毂两侧的残留密封胶,将车轮内孔的退卸油擦拭干净。

b. 车轮轮毂内孔纵向划伤深度不允许大于 0.1 mm,划伤部位须去除高点、毛刺,打磨光滑。用内径千分表测量车轮内孔尺寸,测量的内孔尺寸不作为最终压装记录尺寸,仅用于车轮初步选配用。退卸后的车轮需对内孔进行防锈处理。

c. 车轮静平衡试验前,应检查车轮内孔表面并确认状态良好。

②车轮内孔打磨

车轮压装前需对内孔进行打磨处理,具体打磨方式为:用气动砂布轮(规格:$\phi 40 \times 25n$,型号:80 号)对车轮内孔表面沿圆周方向进行螺旋状打磨。打磨方式如图 3-2-5(a)所示,车轮组成打磨后状态如图 3-2-5(b)所示。

打磨结束后用工业擦拭纸蘸清洗剂清洗车轮内孔并用高压风将注油孔内的杂物吹净。拆下注油孔部位的螺堵和弹簧垫圈,用工业擦拭纸蘸清洗剂清洗车轮内孔,用高压风将注油孔内的杂物吹净。更新弹簧垫圈后将螺堵安装在注油孔上并预紧(注意:此处只预紧,无须打紧固扭力)。

(a) 打磨方式

(b) 打磨后状态

图 3-2-5　车轴内孔打磨

车轮内孔打磨完毕后要求其表面粗糙度 Ra 数值 1.6～3.2 μm(测量 9 点均需满足该要求)。粗糙度测量区域为:从轮毂孔两端端面起至(24±5) mm 的位置和从车轮外侧端面至(79±5) mm 的位置,每个截面测量 3 次(每隔 120°测量一次),共测量 3 个截面 9 组数据。

③车轮内孔测量

用内径千分表(范围:160～250 mm)测量车轮内孔尺寸。每个截面测量 3 次(每隔 60°测量一次),共测量 3 个截面 9 组数据。

二、轴箱检修维护

1. 轴箱一级修

轴箱弹簧安装状态良好,轴箱弹簧防雪罩无破损。

轴箱外观状态良好,箱体无损伤、无漏油,螺栓无松动。橡胶盖无穿透性裂纹,安装无松动,呼吸器、链配置齐全。

轴箱防尘盖表面目视检查无裂纹,表面伤痕深度不超过 5 mm 时消除锐棱后使用,表面有锈痕时须清除。

轴箱定位装置(图 3-2-6)外观状态良好,螺栓无松动,橡胶节点外露橡胶有下列情况者更换:

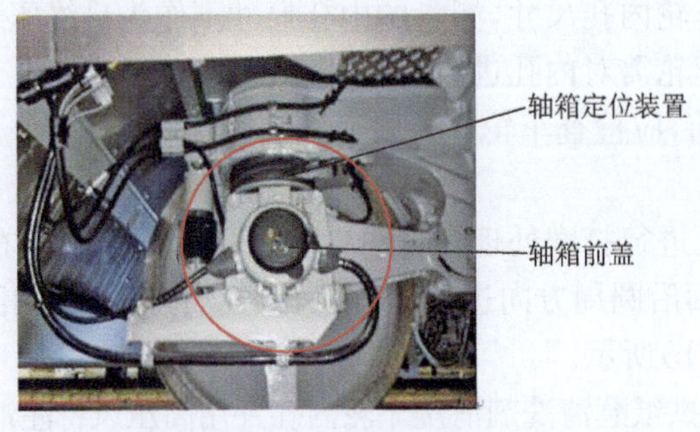

图 3-2-6　轴箱定位装置及前盖

(1)橡胶与金属件结合面之间产生开裂,长度超过 1/6 圆周且深度超过 5 mm 时。

(2)橡胶表面产生溶胶现象且有明显块状橡胶脱出时。

(3)橡胶表面伤痕长度在 15 mm 以上且深度在 5 mm 以上时。

2. 轴箱二级修

轴箱不涉及二级修内容。

3. 轴箱高级修

(1)轴箱分解

轴箱分解前检查轮对轴箱组成外观状态,检查车轮踏面是否有擦伤,轴箱组件及轴身是否有严重磕碰伤,若发现异常要做出标识,待后续检修处理。整体检修完毕后按照如下步骤分解轴箱:

①速度传感器拆解

使用手钳将速度传感器和电线支架上的低碳钢丝剪断去下,使用扳手拆卸电线支架上的电线卡安装螺栓,然后拆解速度传感器安装螺钉,使用尼龙锤轻轻敲击速度传感器侧面,振动松动后取下速度传感器,拆解下的速度传感器连接器做好防护,防止磕碰。

②接地装置拆解

使用手钳将接地装置和电线支架上的低碳钢丝剪断取下,使用扳手拆卸电线支架上的电线卡安装螺栓,然后拆下接地装置安装螺栓,使用尼龙锤轻轻敲击接地装置侧面,使接地装置松动后拆下。拆解下的接地装置连接器做好防护,避免磕碰。

③轴箱前盖部分及电线支架拆解

动车组轴箱体前盖部分分为轴箱前盖组成和前盖。普通轴端轴箱体前盖部分结构如图 3-2-7 所示。将轴箱前盖的各低碳钢丝剪断拆除后,使用扳手将轴箱前盖的 4 个(带电线支架位置为 2 个螺栓)紧固螺栓拆下。装有电线支架的轴箱前盖需先将电线支架拆卸下来,然后使用橡胶锤敲击轴箱前盖组成侧面,将轴箱前盖组成取下,然后使用橡胶锤敲击前盖侧面,将前盖取下。

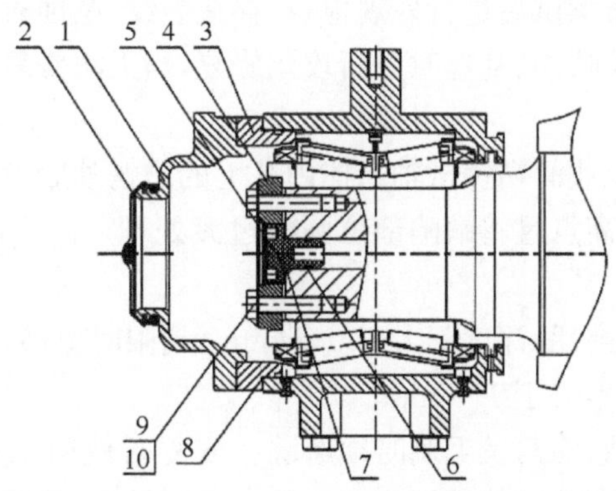

1—轴箱前盖组成(普通);2—橡胶盖;3—前盖;4—轴端压盖;5—车轴防尘盖;
6—O 形橡胶圈(ϕ22.4×ϕ3.55);7—O 形橡胶圈(ϕ26.5×ϕ2.65);
8—O 形橡胶圈(ϕ236×ϕ3.55);9—轴端螺栓;10—轴端止转垫片。

图 3-2-7　轴箱轴端

④轴箱体拆解

拆卸轴箱体时，将轴箱体翻转保证下箱体在上方(上下箱体连接用螺栓朝上)，使用软吊带吊挂在轴箱体两侧，再使用天车将轴箱体调整至水平位置。吊挂调整过程中注意防止轴箱体倾倒。

用扁铲将轴箱体连接螺栓垫片折平，将轴箱体各部紧固件拆下，且安装用螺栓及止转垫片报废处理。使用橡胶锤敲击上下箱体侧面，将上下箱体分离并清理配合面。

上下箱体分离后，分别做好标识整齐地存放在储运工装内待检修，检修及运输过程中严禁损伤配合面。

(2)轴箱组件检修

①轴箱体检修

使用扁铲将定位节点止转垫片铲平，用风动扳手将轴箱体定位节点固定螺栓拆解，分离出压盖和定位节点，如图 3-2-8 所示。检查压盖与定位节点接触表面无明显损伤，油漆脱落时应重新补漆，压盖外表面缺陷深度不大于 3 mm。修复时去除高点，缺陷部位与周边部位圆滑过渡;定位销损伤时更换。

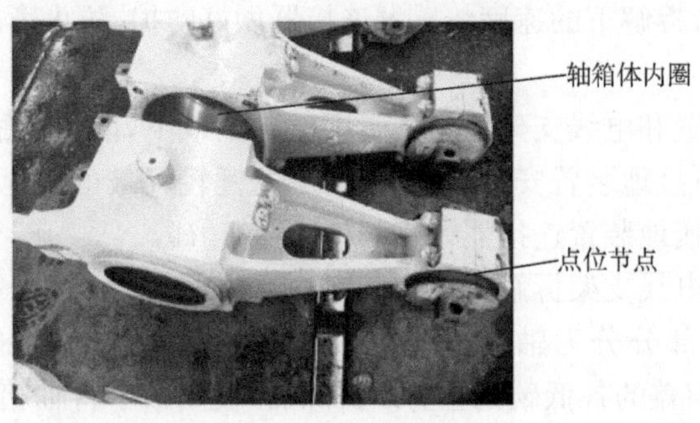

图 3-2-8　轴箱体

使用钢丝球或钢丝刷清理轴箱体、压盖外表面的锈污，局部难以清除的污垢可以使用砂纸进行打磨。使用棉纱或白布擦拭后进行外观检查，存在裂纹、电蚀时更换轴箱体。清除各螺纹孔内毛刺、污垢及锈蚀，螺纹缺扣、乱丝时重新攻丝修复，当无法修复时更换轴箱体。

更新轴箱 O 形密封圈。

使用工业擦拭纸蘸取工业酒精擦拭轴箱体内孔上的防锈油脂，轴箱体内孔擦伤、划伤深度不大于 0.5 mm 时，可去除高点且将缺陷部位圆滑过渡处理。内表面微动腐蚀、锈垢须清除，允许有除锈痕迹。

轴箱体内孔局部锈蚀(磨耗)深度不大于 0.2 mm ，超限时更换轴箱体。两端平面(与前后盖接触表面)局部锈蚀深度不大于 1.5 mm。

金属迷宫槽部位有锈蚀、尖角及毛刺时须磨除。修复时使用 400 号细砂纸对轴箱体内孔壁（与轴承装配面处）进行打磨，然后用工业百洁布进行抛光，消除砂纸打磨痕迹。轴箱体竖筋板与箱体及压盖座连接圆弧部位、轴箱体横筋板长圆孔部位的损伤，须用锉刀及砂纸手工打磨去除且与周边金属圆滑过渡(打磨半径 R 不得小于 30 mm)，修复后深度不得超过0.7 mm，渗透探伤无裂纹。其他部位缺陷修复后深度须小于 2 mm，修复时去除高点，并保证缺陷部位与周边部位圆滑过渡，渗透探伤无裂纹。

分离上下箱体并清理配合面，检修及运输过程中严禁损伤配合面。上下箱体须配对使用，在检修过程中做好标识，避免混乱。上下箱体配合的定位销破损时应更新。上下箱体竖直配合面非配合部位存在局部锈蚀时打磨去除浮锈，锈蚀深度不得大于 0.5 mm，测量时使用缺陷深度测量工装放置在未锈蚀的轴箱体表面，要求底座与表面贴合，深度测量工装调零后缓缓推动测量工装，使测针移动到锈蚀的表面，观察数值变化，选取最大值作为锈蚀深度，测量方法如图 3-2-9 所示。

图 3-2-9　上下箱体配合面锈蚀深度测量

轴箱体底部螺栓需分解，去除轴箱体底面油漆，对螺纹孔进行外观检查，螺纹孔内有毛刺、污垢时须清除，不允许存在缺扣、乱丝等现象，轴箱体底面不允许存在压痕，存在锈蚀、腐蚀等时须去除(若手工无法去除的，可加工处理)。

将轴箱体上的排油口盖周围灰尘清理干净，找补油漆时避免油漆覆盖排油口盖。取下排油口盖外观检查，有损坏者更换新品。

检查轴箱体上实时温度传感器安装孔，有锈蚀时须清除，检修合格后用防护盖防护；检查轴箱体后部熔断温度检测器安装孔，有锈蚀时须清除，油漆破损或润滑脂泄漏时，需重新填充锂基润滑脂，找补面漆。

②轴箱前盖检修

将待检修的轴箱前盖首先用清水清洗一遍，擦除表面的油污、尘土。清除前盖传感器安装面油漆、密封胶，露出金属表面，洗净后放在指定的位置晾干。

轴箱前盖表面目视检查无裂纹，轴箱前盖各装配面不许有电蚀，轴箱前盖表面伤痕深度不大于 5 mm 时消除锐棱，超限时更换。

轴箱前盖上的橡胶盖和铁链擦干净后外观状态检查，安装部位无损伤，其他部位无贯穿性损伤及影响功能的局部破损。橡胶盖破损、开裂的更换，铁链缺损的组装新品。检修橡胶盖时，不得直接拽拉铁链。

轴箱前盖未安装传感器一侧的堵板需拆卸后外观状态检查，存在变形等损伤时更新。重新安装堵板时，清除轴箱前盖堵板安装面残留的密封胶，重新涂抹一圈密封胶，然后更换螺栓，涂打防松标记并用防松铁丝进行防松处理。传感器调整垫片检修时，对表面进行擦拭清洗后可再次使用，如有破损者须更换新品。

(3)轴箱组装

轴箱组装时，将轴承外圈沿圆周顺时针方向转动 120°，然后安装轴箱体；更新轴箱轴承时，手动旋转轴承外圈使外圈通气孔朝向正上方。(注意：每次高级修时都将轴承外圈沿圆周顺时针方向转动 120°，然后安装轴箱体)

轴箱组装前轴承外圈表面、轴箱体内表面位置需涂一薄层轴承润滑脂，涂抹量均按(30±5) g控制。作业时，将润滑脂与刷子一同称重，涂抹完成后再次对刷子称重，计算涂抹前后差值即为润滑脂涂抹量，轴承外表面涂抹时，须避开轴承通气孔。

将上箱体翻转，分箱面朝上，用天车或工装将上箱体套装到轴承上，要保证轴箱体凹槽安装到轴承后盖的凸起上，安装时应避免相互碰撞、冲击。

将上箱体与下箱体的交叉部分分别涂抹硅酮系液态密封剂，如图 3-2-10 所示，水平结合面需涂抹润滑脂，要求涂抹均匀。为避免漏有间隙，箱体外部边缘密封胶需形成密闭环；为避免密封胶挤压到箱体内腔，箱体分箱面距离内部边缘 5～7 mm 不要涂胶。

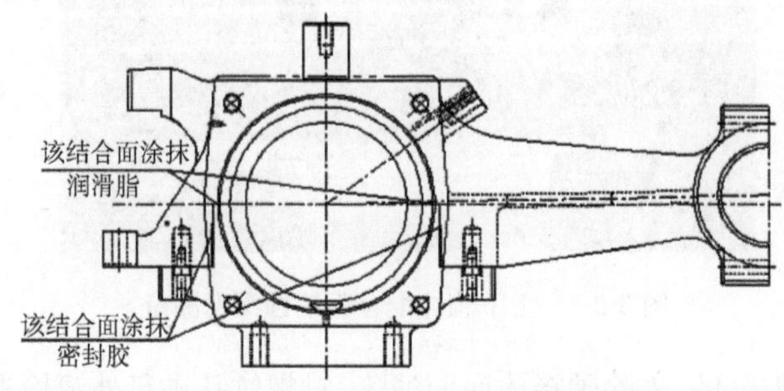

图 3-2-10　轴箱体密封胶涂抹位置

将下箱体安装到上箱体上，安装时，注意销孔位置，且要保证轴箱体凹槽安装到轴承后盖的凸起上，安装时应避免相互碰撞、冲击。在下箱体销孔处涂抹苯乙烯密封泥子，将销孔进行防护。在下箱体螺栓孔上，安装 6 个螺栓、防松垫片及垫圈，将上下箱体连接并交叉预紧，然后使用平錾将止动垫片折弯。

使用硅酮系液态密封剂将上下箱体合箱处间隙密封，为避免水汽进入，所有接缝处均需涂密封胶。合箱后检查各零部件结合面，要求可视部位不能残留组装用润滑脂。尤其注意轴箱体与轴承外圈边缘位置。轮对轴箱组装完成后转动灵活，无摩擦、异常噪声及卡滞等现象。上下箱体合体示意如图 3-2-11 所示。

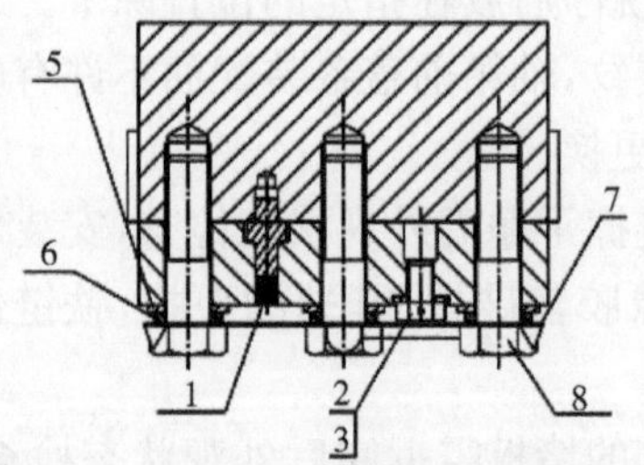

1—苯乙烯密封泥子；2—M12×18(全螺纹)；3—垫圈 12；5—平垫圈 20；
6—弹垫垫圈 20；7—止转垫圈；8—螺栓 M20×75。

图 3-2-11　上下箱体合体示意

三、定位装置检修与维护

1. 定位装置一级修

定位装置无一级修内容。

2. 定位装置二级修

(1)轴箱弹簧组成状态检查

现车状态下，取下轴箱弹簧上导向筒罩，将内窥镜探头深入轴簧，逐圈圆周方向多角度查看，如图 3-2-12 所示。若发现有裂纹、折损、断裂、弹簧有效圈间抗磨等异常时更换轴箱弹簧组成。

图 3-2-12　轴箱弹簧组成检查

检查防雪罩可视部分无破损，如图 3-2-13 所示。

轴箱弹簧防雪罩无裂纹

图 3-2-13　轴箱弹簧防雪罩状态检查

(2)垂向减振器检查

检查垂向油压减振器外观，无漏油，各外露配件无异常，防尘筒无明显磕碰或凹陷，如有损伤，须修理或更换。油压减振器防尘套破损时须更换防尘套。

减振器两端橡胶节点表面裂纹深度超过限度或橡胶与金属硫化部位开裂长度大于 1/6 圆周时更换。

3. 定位装置高级修

(1)目视检查弹簧表面无裂纹、刻痕、氧化，裂纹时更新。

(2)在弹簧磨耗、腐蚀量范围内表面局部划伤、磕碰深度不大于 1 mm 时允许打磨圆滑处理，允许局部存在凸凹点，无明显锐棱；弹簧支承端圈逐渐减薄部分清除毛刺，无锐棱。

(3)弹簧钢条直径磨耗、腐蚀减少量不超过 5%，有效圈与支撑圈尖部接触处磨耗、腐蚀减少量不超过 10%，超限时更新。

(4)弹簧两端支承面自由放置在水平面上须平稳，间隙不大于 2 mm，弹簧两端支承面允许修正。

(5)内、外弹簧垂直度小于 2.5 mm。轴箱弹簧组进行载荷试验：弹簧内圈下插入厚度

16 mm 垫片，试验载荷在 61.12 kN 时弹簧高度须满足(224.4±2) mm；试验载荷下弹簧高度不满足尺寸要求时更换。

(6)弹簧下夹板与弹簧接触面磨耗量大于 2 mm 时更换，下夹板内衬套磨耗量大于 2 mm 时更换。重新组装轴箱弹簧组成时，弹簧下夹板内衬套磨耗处须与轴箱体上导柱磨耗处相对。

(7)绝缘罩表面清洗，破损时更新，防雪罩更新。

(8)防振橡胶刚度检查，检查要求为：$\delta_{(49.05\ kN)}-\delta_{(0.98\ kN)}=(2.45\pm0.74)$ mm；防振橡胶在加载 49.05 kN 状态下，橡胶表面纵向(即厚度方向)不许出现贯穿性裂纹，且橡胶各表面龟裂裂纹深度不大于 1 mm，宽度不大于 1 mm。粘接板外表面锈蚀须清理锈垢后涂装油漆。

(9)防振橡胶外观状态检查，橡胶与金属之间剥离(开裂)长度大于 20 mm 且深度大于 5 mm 时更新。

任务三　悬挂及牵引装置检修维护

任务描述

二系悬挂及牵引装置是转向架支撑车体的装置，主要起到支撑车体、传递牵引力、提供转向架回转力矩和抑制车体侧滚等作用。通过本任务学习，熟悉高速动车组二系悬挂及牵引装置的基本构成与原理，掌握二系悬挂及牵引装置的一级修、二级修、高级修的方法与步骤。

知识链接

1. 二系悬挂及牵引装置的结构

二系悬挂及牵引装置主要由以下部件组成：非线性空气弹簧、牵引装置(包括中心销组成、整体起吊吊耳和牵引拉杆组成)、横向减振器安装组成(包括横向减振器和横向减振器座)、抗蛇行减振器安装组成(包括抗蛇行减振器、转向架侧抗蛇行减振器座和车体侧抗蛇行减振器座)、抗侧滚扭杆装置、自动高度调整装置(包括高度阀、保温箱、高度阀调整杆和调整杆座)等，如图 3-3-1 所示。

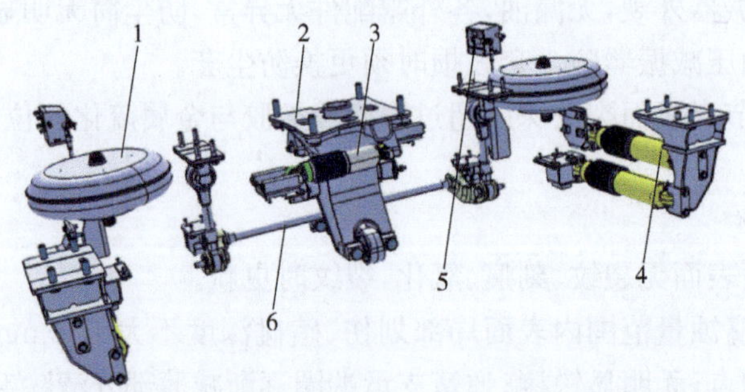

1—非线性空气弹簧；2—牵引装置；3—横向减振器安装组成；
4—抗蛇行减振器安装组成；5—自动高度调整装置；6—抗侧滚扭杆装置。

图 3-3-1　二系悬挂及牵引装置

2. 各组成部分的作用

(1)空气弹簧

空气弹簧能在列车直线通过时柔和调节，并且在列车曲线通过时缓和因超速离心力导致的撞击，是一种协调式“非线性空气弹簧”。

为提高高速状态下列车通过曲线时的乘坐舒适度，实现左右方向的弹簧常量的非线性化，采用了在积层橡胶与下面板之间安设机械止动装置的结构(内止挡)。

空气弹簧设计最大向上移动量是 70 mm，向下的移动量是 55 mm。为使转向架在空气弹簧无气时能够行驶，在下盖板的上面设置聚四氟乙烯制的摩擦板或高分子聚乙烯摩擦副，在上盖板的下面设置不锈钢板，在故障工况下也可以通过弯道。

(2)牵引装置

牵引装置主要包括中心销组成、整体起吊吊耳和牵引拉杆组成。

中心销组成通过 4 个螺栓安装在车体枕梁上，牵引拉杆安装在车体上的中心销和转向架构架上的牵引拉杆座上，牵引拉杆组成两端带有橡胶节点，是传递牵引力的装置；整体提吊吊耳扣进中心销设置的凹槽内，再通过 2 个螺栓安装在其平面上。

牵引拉杆组成的特征如下：

①转向架的转向依靠两端的橡胶节点产生变形。

②转向架横向的复原力除依据空气弹簧的横向刚度之外，也依据牵引拉杆两端的橡胶节点的刚度。

③占用空间比其他的牵引装置小；由于零件数量少，因此质量较轻。

④由于滑动部分少，减少了磨耗。

⑤转向架和车体的分离通过拆除中心销下部连接螺栓及提吊吊耳来实现。

同时，考虑到高度阀、差压阀失效时空气弹簧产生过充的极限情况，牵引拉杆端头与构架横梁上的垂向止挡(单侧，牵引拉杆与中心销相连一侧)接触，能够防止空气弹簧异常上升。

(3)二系横向减振器

为了改善动车组的横向振动性能，提高乘坐舒适度，在每辆车车体和转向架之间安装了横向减振器，横向减振器两端安装有橡胶节点，安装位置在中心销和转向架构架的纵向辅助梁之间。

(4)抗蛇行减振器

抗蛇行减振器是为了得到稳定的转向架回转力矩和抑制蛇行运动的装置，作用在转向架的回转方向(摇头方向)上，安装在车体与转向架构架之间。

(5)高度阀调整装置

自动高度调整装置是根据车辆载重的变化自动调整空气弹簧内的压力，以达到保持车体高度不变的装置。载重大时由空气弹簧储风缸经过高度阀向空气弹簧充气，载重小时由高度阀将空气弹簧内的压缩空气排到大气。自动高度调整阀通过阀座和保温箱安装在车体上。

(6)抗侧滚扭杆装置

对于车辆所要求的侧滚刚度，仅依靠空气弹簧的垂向刚度不能满足其要求时，则有其补充侧滚刚度的装置。尤其是为了提高乘坐舒适度而降低空气弹簧的垂向刚度时，则车辆的抗侧滚能力也随之降低，而有了本装置就可以既能提高车辆的乘坐舒适性，又能满足车辆对侧滚刚度的要求。

该装置安装在转向架和车体之间，其一端通过杆端轴承、缓冲橡胶和连接杆与车体连接。

另一端安装在转向架的构架上。当车体发生侧滚时，与连接杆连接的扭杆产生扭转变形，因扭转变形而产生对抗侧滚的抵抗力（复原力），从而起到抑制侧滚的作用。

任务实施

一、二系悬挂检修维护

1. 二系悬挂一级修

（1）空气弹簧外观状态良好，无漏风。

（2）高度调整阀无漏风；调整杆无变形，关节轴承转动灵活；保温箱外观、安装状态良好，无油迹；配件无缺失；锁紧装置紧固，塞门与管路平行，管路无漏泄。

（3）抗蛇行减振器（图 3-3-2）无漏油及外观状态良好，安装无松动；减振器座无裂纹；橡胶套无破损，卡箍无松动。

（4）高度阀和空气弹簧塞门（图 3-3-3）手柄与管路平行，安装牢固。

（5）抗侧滚扭杆（图 3-3-4）注油嘴无缺失，防松标记无松动，各部件的安装状态及紧固件状态良好，扭杆杆体、扭转臂以及垂向连杆杆体无裂纹、凹陷，缓冲橡胶和杆端轴承橡胶裂纹不超限。

图 3-3-2 抗蛇行减振器

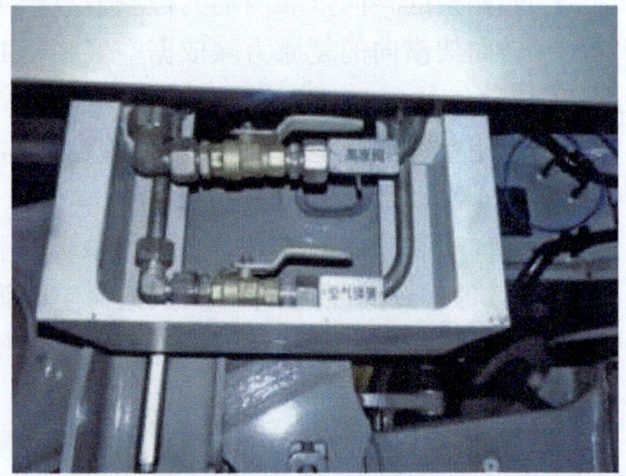

图 3-3-3 空气弹簧塞门

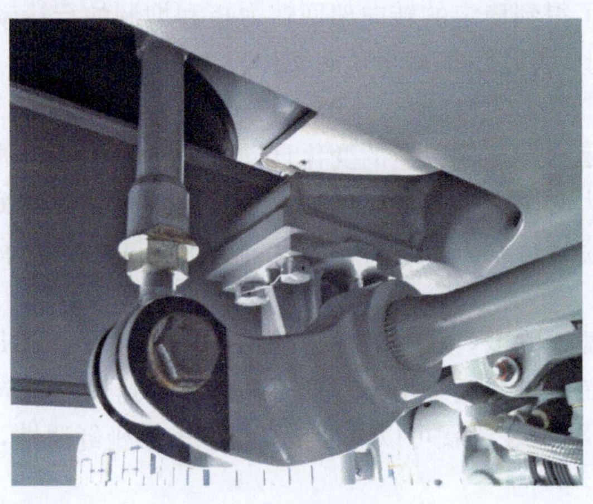

图 3-3-4 抗侧滚扭杆

2. 二系悬挂二级修

(1)空气弹簧检修(图 3-3-5)

①清理空气弹簧表面,空气弹簧可视部位外观检查无异常,气囊、橡胶座、橡胶堆等部件检修按表 3-3-1、表 3-3-2 执行;外露金属表面出现锈蚀时清除。

②空气弹簧不得接触酸、碱、油或其他有机溶剂,避免热损伤和磕碰损伤。

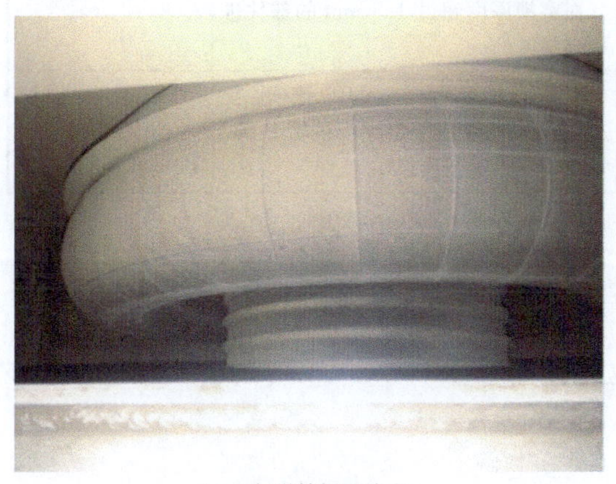

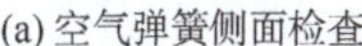

(a) 空气弹簧侧面检查

(b) 空气弹簧底面检查

图 3-3-5　空气弹簧检修

表 3-3-1　空气弹簧气囊检查内容明细表

故障名称		故障内容的说明	更换判断基准	备　注
1	剥离	橡胶(特别是外层橡胶)与帘线加强橡胶层间剥离。在使用初期易于发生,在比较广的范围上出现 1 mm 厚左右的橡胶浮起并呈隆起状,如继续使用,将在一端出现如同用小刀切断似的断裂。但漏气甚微	(1)对帘线露出的部件进行更换 (2)对于剥离只出现在表层的部件,即使帘线还被保护得完好,如果剥离超过 30 mm×20 mm 也要进行更换	剥离
2	裂纹 (鳞状裂纹)	在橡胶(特别是外层橡胶)与上盖板橡胶及橡胶座的接触部附近出现的沿圆周方向的鳞状且呈锐角的损伤 在初期为分散状态的微小损伤,而后出现连续的剥离状态	(1)对帘线露出的部件进行更换 (2)对龟裂深度超过 1.5 mm 的部件进行更换 (3)即使长度波及全圆周,但只要龟裂深度不超过 1.5 mm 仍可继续使用	鳞状裂纹 流线裂纹
3	橡胶断裂 (流线裂纹)	在橡胶(特别是外层橡胶)的小轮缘附近出现的沿圆周方向的剥离状裂纹,以及外层橡胶的母线方向(上下方向)的裂纹。较多发生在气囊厚度不均匀的部位,以及外层橡胶重叠部位	(1)对帘线露出的部件进行更换 (2)对龟裂深度超过 1.5 mm 的部件进行更换 (3)对龟裂长度的合计超过 50 mm 的部件进行更换	

表 3-3-2　空气弹簧橡胶座、橡胶堆检查标准明细表

故障名称		故障内容的说明	更换判断基准	备　注
1	粘接剥离	与金属配件的粘接面的剥离	(1)与剥离深度无关，当剥离长度超过 100 mm 时进行更换 (2)对于在该基准以下的剥离，使用氰基丙烯酸盐黏合剂进行处理	可视区域
2	磨损	与气囊接触部位的磨损	对磨损深度超过 1.5 mm 的部件进行更换	
3	龟裂	在重叠部位及流动不良部位的橡胶上所产生的龟裂	对龟裂长度为 50 mm 以上、深度 3 mm 以上，或者龟裂宽度扩至 5 mm 以上的部件进行更换	可视区域

(2)横向减振器、抗蛇行减振器检修

减振器外观检查，无漏油，各外露配件无异常，防尘筒无明显磕碰或凹陷，如有损伤，须修理或更换。减振器防尘套破损时须更换防尘套。两端橡胶节点表面裂纹深度超过 1 mm 或橡胶与金属硫化部位开裂长度大于 1/6 圆周时更换。

3. 二系悬挂高级修

(1)空气弹簧检修

①清除空气弹簧外部污垢，上下盖板表面锈蚀时须除锈，除锈后空气弹簧下盖板补漆或重新喷涂。

②空气弹簧上下进气口处 O 形圈更新。

③空气弹簧外观检查，胶囊检查标准见表 3-3-3，空气弹簧其他零部件检查标准见表 3-3-4～表 3-3-6。

表 3-3-3　胶囊检查标准

故障名称		故障内容的说明	更换标准
1	剥离 (脱层)	橡胶(特别是外层橡胶)和帘线之间剥离(脱层)。使用初期容易发生 1 mm 厚度橡胶的凸起，成为拳状，继续使用可能导致破裂	(1)露出帘线的更换 (2)剥离(脱层)超过 30 mm×20 mm 的更换
2	裂纹 (鳞片状)	胶囊(特别是外层橡胶)沿着上盖及橡胶座接触部附近圆周方向的鳞片状伤痕。初期呈细微伤痕的分散状态，之后变为连续的剥离状态	(1)露出帘线的更换 (2)裂纹深度大于 1.5 mm 时更换，与裂纹长度无关
3	裂纹 (竖向)	胶囊(特别是外层橡胶)产生的竖向剥离状裂纹。多数发生在胶囊厚度不均的位置及外层橡胶的重叠部	(1)露出帘线的更换 (2)裂纹深度大于 1.5 mm 时更换，与裂纹长度无关 (3)对裂纹长度合计大于 50 mm 的部件进行更换
4	磨损	胶囊外层橡胶与橡胶座、上盖的摩擦耗损	露出帘线的更换
5	外伤	外层橡胶因异物打击、摩擦或其他原因产生的伤痕	(1)露出帘线的更换 (2)裂纹深度大于 1.5 mm 时更换，与裂纹长度无关 (3)对裂纹长度合计大于 50 mm 的部件进行更换
备注		帘线露出的说明：在进行帘线露出的判断时，如果该内外层橡胶剥离或者有损伤时可看到茶褐色的帘线(纤维)的情形，以及在帘线上仅残留着少量橡胶而可看到帘线线头条纹的情形均可判断为帘线露出	

表 3-3-4　上盖板、橡胶座、橡胶堆检查标准

名　称		故障说明	检查标准
1	脱胶	与金属件黏着面剥离	(1)脱胶长度大于 100 mm 时更换 (2)脱胶未超限时,对脱胶部位使用氰基丙烯酸盐黏合剂粘接处理
2	磨耗	与胶囊接触部位磨损	磨耗深度大于 1.5 mm 时更换
3	龟裂	表面发生龟裂裂纹	(1)龟裂宽度大于 5 mm 时更换 (2)龟裂长度大于 50 mm 且深度大于 3 mm 时更换
4	金属部外伤	O 形圈槽部(密封部)的外伤	(1)划伤深度大于 0.3 mm 时更换 (2)划伤深度不大于 0.3 mm 时,去除毛刺并圆滑过渡
		O 形圈槽部(密封部)以外的外伤	(1)划伤深度大于 2 mm 时更换 (2)划伤深度不大于 2 mm 时,去除毛刺并圆滑过渡

表 3-3-5　下底座检查标准

故障名称		故障说明	检查标准
1	磨损	由于爆裂时的行车以及滚动,与上盖板的滑动板接触并相互摩擦而产生的磨损	KTS-MD-28773 型空气弹簧:对特氟隆板厚为新品 1/2(1.2 mm)以下的部件进行更换 Φ530S1 型空气弹簧:对磨耗板有效磨耗高度低于 1.5 mm 以下的部件进行更换
2	粘接剥离	在如上述同样状态下的相互摩擦而造成的粘接部位剥离	KTS-MD-28773 型空气弹簧:对粘接剥离部位超过粘接面积 1/3 的部件进行更换

表 3-3-6　止挡金属件检查标准

故障名称	故障内容的说明	更换判断基准
磨损	列车作曲线行驶时,积层橡胶与限制阻挡装置部接触,并发生磨损	磨损达到 2.5 mm 以上水平时替换

④空气弹簧全数分解检修,检查胶囊内表面、下底座,胶囊内表面不许有损伤,其他检查标准见表 3-3-4、表 3-3-5。按不低于 5%比例测量止挡金属磨耗量,具体要求见表 3-3-6,如有超限将分解抽检比例提高一倍,如仍有超限异常,分解检查本批次(1 列车)全部空气弹簧止挡金属磨耗。

⑤空气弹簧试验及测量要求

a. 按不低于 5%比例的空气弹簧对垂直静刚度、横向动刚度及允许位移量等按照标准进行试验。

b. 气密性试验:空气弹簧保持在工作高度 210 mm,在常温下充气至(500±20) kPa 进行气密试验,要求气压下降值符合要求。

c. 在无负荷及空气排空的状态下测量空气弹簧橡胶堆的高度(图 3-3-6)及水平方向蠕变量,符合表 3-3-7 要求。

表 3-3-7　空气弹簧橡胶堆限度

序号	空气弹簧型号	外橡胶堆高度 H_1/mm	内橡胶堆高度 H_2/mm	水平方向蠕变/mm
1	KTS-MD-28773	≥81.5	≥34	≤16.5
2	Φ530S1	≥108	—	≤17.5

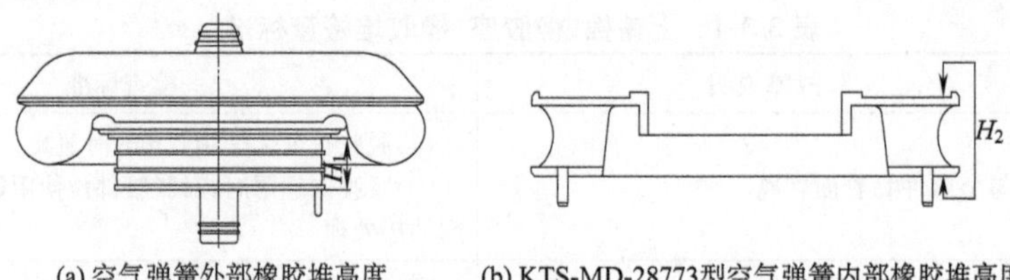

(a) 空气弹簧外部橡胶堆高度　(b) KTS-MD-28773型空气弹簧内部橡胶堆高度

图 3-3-6　空气弹簧橡胶堆高度

(2)抗侧滚扭杆检修

①抗侧滚扭杆组成、连杆组成外观状态检查,杆体、杆座不许有凹陷变形,有锈蚀、毛刺、尖角、锐棱时须消除。

②连杆缓冲橡胶及杆端轴承更新。

③扭杆轴承内表面无损伤或异常磨耗,沿圆周方向打磨去除扭杆轴承内径面的高点和毛刺。扭杆端部外径面及扭杆轴承内径面有锈蚀或异常磨耗时须沿圆周方向打磨去除(打磨处与未打磨处须圆滑过渡)或修复。

④检修后按测量扭杆外径和轴承内径计算平均值,扭杆外径和轴承内径的平均值之差不大于 0.5 mm。扭杆轴承组装前须在内、外面涂锂基润滑脂。扭杆轴承防尘圈更新。

(3)抗蛇行减振器检修

①活塞杆杆身镀层有压痕、阶梯状磨耗、不均匀磨耗、使用上有害的纵向划痕时,需重新电镀抛光或更换。

②橡胶密封件、橡胶波纹管、橡胶节点更新,其他各零件有损伤或磨耗不良等现象时须更换。

③对减振器活塞杆焊缝区域脱漆后探伤检查不许有裂纹。衬套内圆面出现基体铜的颜色进行更换。紧固件更新。

④重新组装时注入新减振器油。组装完毕后,油压减振器须性能试验,试验条件及性能参数需符合相关要求,示功图不许有畸形、突变。

⑤试验合格的减振器按规定横放 8 h 后,无泄漏现象。

⑥减振器检修后重新喷涂油漆。

二、牵引驱动装置检修维护

1. 牵引驱动装置一级修(图 3-3-7)

牵引驱动装置一级修主要是对中心销及牵引拉杆检修。具体方法是检查中心销无裂纹,牵引拉杆橡胶节点无明显破损、龟裂、老化现象,如果有下列情况之一时须更换:

(1)橡胶表面开裂长度 15 mm 以上且深度 5 mm 以上。

(2)在金属件端末部的剥离长度 15 mm 以上。

2. 牵引驱动装置二级修

检修项目同一级修内容。

3. 牵引驱动装置高级修

(1)牵引拉杆高级修

①橡胶节点更新。

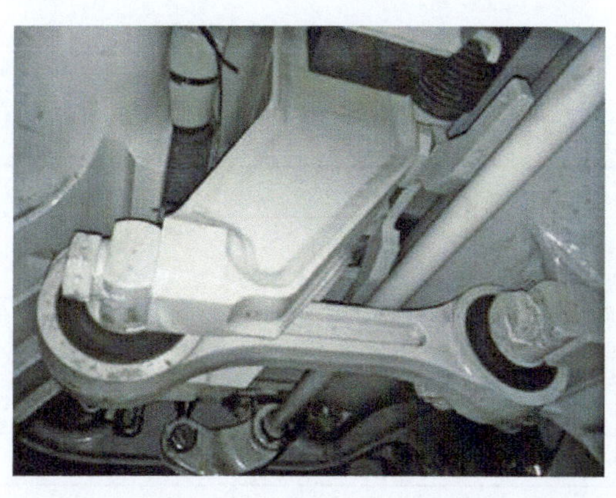

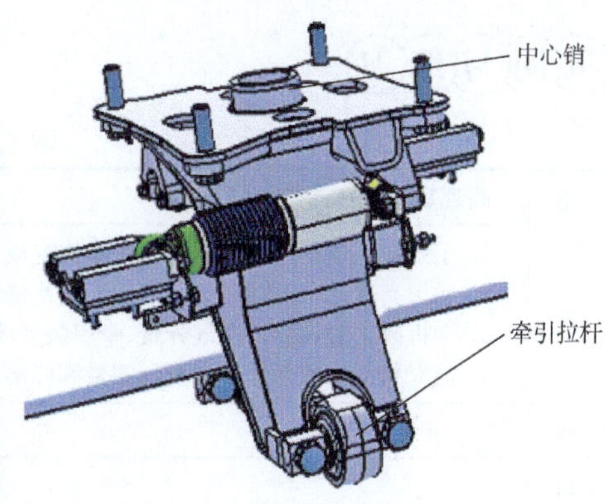

图 3-3-7　牵引驱动装置检修

②牵引拉杆体杆体外观状态检查，无异常磕碰、损伤。

③牵引拉杆体端头与橡胶节点的过盈量为 0.052～0.300 mm，内孔划伤深度不大于 0.3 mm，划痕须用油石或砂纸去除高点。

(2)中心销高级修

①外观检查中心销各连接可视焊缝无裂纹，减振器托架安装座、拉杆座外观检查无变形，各螺纹孔无缺扣、乱丝等。对关键焊缝进行探伤检查。

②中心销划伤、磕碰、腐蚀、磨损等的检修限度按板厚与允许缺陷深度超标准要求时，须对缺陷部位进行打磨消除，打磨部位与钢板轧制状态的表面交界处平滑过渡。缺陷严重时可以焊修，焊修时焊接部位在边缘无咬边或重叠，焊接时堆高至少高出钢板轧制面 1.5 mm 以上，然后打磨至与钢板轧制面高度一致，并对焊接部位表面磁粉探伤检查。

考核评价表

姓名		班级		学　号				
学习领域				成　绩				
项点	观　测　点	评价人	分值	得　分			计分项	项点得分
				任务一	任务二	任务三		
自我行为规范	自觉守时行为	教师	50				A	K1=(A+B)×30% A、B 为各任务的平均分
	自觉按规章操作	团队	50				B	
学习过程考核	发现问题分析问题	教师	100				C	K2=C×30% C 为各任务的平均分
	积极主动解决问题							
学习结果考核	实际操作技能	团队	50				D	K3=(D+E)×20% D、E 为各任务的平均分
	日常课业完成	教师	50				E	
生活行为考核	节约能源爱护环境	团队	100				F	K4=F×20% F 为各任务的平均分
合计(K=K1+K2+K3+K4)								

巩固与练习

学生工作单

<table>
<tr><td>工 作 单</td><td colspan="3">高速动车组转向架检修与维护</td></tr>
<tr><td>目　　标</td><td colspan="3">1. 了解高速动车组转向架的基本结构组成。
2. 掌握高速动车组转向架各部件不同检修级别的检修内容。
3. 会拆装轮对、轴箱、空气弹簧、牵引装置等部件。
4. 能对相关机械部件尺寸进行测量和修形。</td></tr>
<tr><td>班　　级</td><td></td><td>姓　　名</td><td></td></tr>
<tr><td>学习小组</td><td></td><td>工作时间</td><td></td></tr>
<tr><td colspan="4">【知识认知】
1. ______________的结构设计是否合理直接影响车辆的运行品质、动力性能和行车安全。
2. 高速动车组转向架可分为______________和______________两种。
3. 动力转向架主要六个部分为______________。
4. 高速动车组构架组成为______________。
5. 高速动车组轮对组装主要包括______________。
6. ______________是连接轮对与构架的活动关节。
7. 动车组转向架二系悬挂装置主要包括______________。
8. 高速动车组牵引装置主要包括______________。</td></tr>
<tr><td colspan="4">【能力训练】
1. 完成轮对各尺寸(轮径尺、轮缘尺、内侧距测量尺、钢直尺、塞尺)测量操作并记录流程。

2. 完成轴箱拆解组装操作并记录流程。

3. 完成空气弹簧二级修检修操作并记录步骤流程。

</td></tr>
</table>

项目四　高速动车组牵引及电气装置检修与维护

学习目标

1. 知识目标

(1)了解牵引电机、牵引变压器的基本结构组成。

(2)了解主要电气装置的结构组成。

(3)了解辅助电气装置的结构组成。

(4)理解牵引电机、牵引变压器的工作原理。

(5)理解各主要电气装置的工作原理。

(6)理解各辅助电气装置的工作原理。

(7)掌握牵引电机、牵引变压器的一、二级修及高级修的基本内容和流程。

(8)掌握各主要电气装置一、二级修及高级修的基本内容和流程。

(9)掌握各辅助电气装置一、二级修及高级修的基本内容和流程。

2. 能力目标

(1)会拆装高速动车组的牵引及电气装置。

(2)能完成高速动车组牵引及电气装置的各级检修任务。

3. 素质目标

(1)树立学生“安全第一”思想,养成“遵守安全规程,保证安全作业”的良好习惯。

(2)培养学生“安全大于一切、责任重于泰山、听从统一指挥”的职业素质。

任务一　牵引系统检修维护

任务描述

牵引系统主要由牵引变压器、牵引变流器、牵引电机和车顶高压系统等组成,如图 4-1-1所示,其作用是为列车提供动力。通过学习本任务,熟悉牵引系统检修维护的基本组成与各组成部分的作用,掌握高速动车组牵引电机和牵引变压器的一级修、二级修、高级修的方法与步骤。

知识链接

1. 牵引电机

牵引电机由定子、转子、端盖、轴承、测速装置和温度监测装置等几大部件组成。

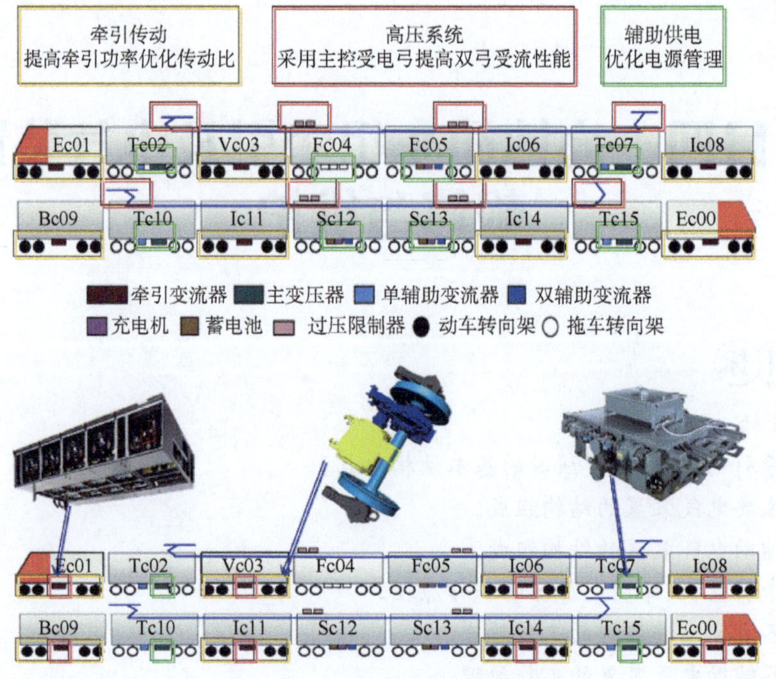

图 4-1-1 高速动车组牵引系统

(1)定子

电机定子由定子铁芯、定子绕组、接线盒等零部件组成,如图 4-1-2 所示。定子铁芯采用无机壳结构,即用筋板将定子冲片、定子端板和两端的压圈在施压状态下焊接成一个整体,将成型的定子线圈嵌入定子铁芯槽内,然后焊接内部绕组和引出线。带绕组的定子采用真空压力浸漆,满足绝缘等级 200 级的要求。

(2)转子

电机转子由铁芯、导条、端环、护环等零部件组成铜排鼠笼结构,如图 4-1-3 所示。转子铁芯由绝缘电工硅钢片叠压而成,冲片上开有轴向通风孔;鼠笼转子导条为矩形铜导条;转子导条两端与端环焊接成一体。端环外面套有护环,转轴采用高强度合金钢。

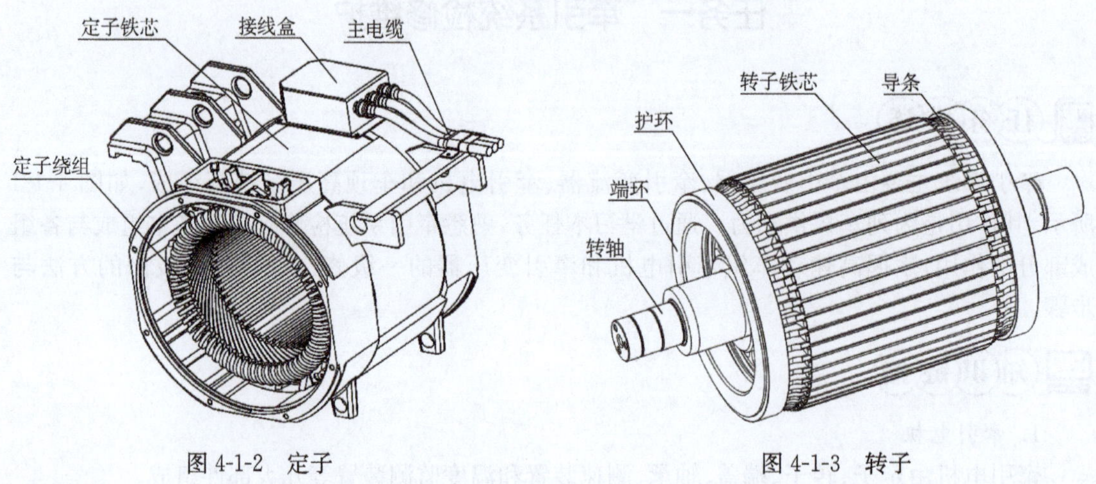

图 4-1-2 定子　　图 4-1-3 转子

(3)轴承、端盖及总装零件

电机两端均采用绝缘轴承，非传动端为 6311C4P6 球轴承，传动端为 NU214C4P6 圆柱轴承。两端油封都采用迷宫式密封结构，用 Unimax R No. 2 脂润滑。

(4)测速装置和温度监测装置

在电机的非传动端安装有 1 个速度传感器。在电机的定子铁芯、D 端轴承、N 端轴承处装有温度传感器，分别用于检测电机定子铁芯和轴承部位的温度。

2. 牵引变压器

牵引变压器用于把接触网上取得的 25 kV 高电压降至供低压电器使用的 1 900 V 低电压，此变压器的设计寿命约为 30 年。

牵引变压器主要由变压器本体和冷却系统组成，如图 4-1-4 所示。其主要部件见表 4-1-1。

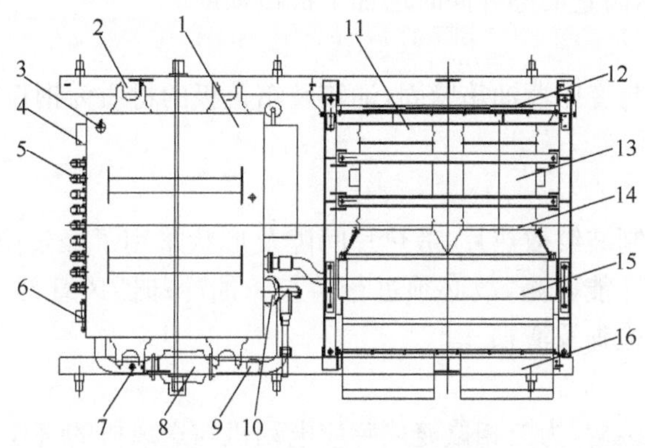

图 4-1-4　牵引变压器结构

表 4-1-1　牵引变压器主要部件

名　称	位　置	零件名称	个　数
1 牵引变压器本体	2	变压器箱体	1
	3	液位继电器	1
	4	压力释放阀	1
	5	低压端子	8
	6	温度继电器	1
	7	温度传感器	1
	8	油泵	1
	9	油流继电器	1
	10	高压 A 端子/V 端子	1
11 冷却系统	12	过滤器	1
	13	电动送风机	2
	14	挠曲风道	2
	15	油冷却器	1
	16	出风道	1

(1)铁芯

变压器器身主要由铁芯和线圈构成。变压器铁芯的布置和设计适用于机车单元及其牵引变流器的特殊要求。铁芯为单相型,由两个支撑绕组的两根芯柱和两个铁轭组成。铁芯采用冷轧取向硅钢片,表面进行绝缘涂层处理。变压器两根芯柱采用整体包扎,在铁芯两旁设置钢夹板,芯柱和钢板用玻璃纤维带绑扎,然后在干燥炉中进行硬化处理。两根铁芯柱用铁轭连接,铁轭用不锈钢螺栓连接到夹件上。螺杆夹紧结构和夹件有绝缘材料隔开。变压器器身部分与油箱之间的紧固牢固,从而能承受机车运行横向及纵向加速冲击。

(2)线圈

变压器线圈由换位导线制成,高压绕组采用扁铜线制成。为防止绝缘材料长期运行后收缩,绕组已被充分烘干。绕组被紧密压实以备在短路时能够支撑轴向力。绕组块压紧后,通过特殊真空工艺进行干燥,防止回潮并同时增加了机械强度。

(3)油箱及箱盖

箱盖采用螺栓连接与变压器油箱紧固,油箱及箱盖板的材质为钢板,变压器油箱吊装在车体地板安装梁下方。

(4)油冷却器

油冷却器采用全铝制波纹散热片,散热片间隙及形状采用了经过防堵塞改进的部件。当发生堵塞时会造成冷却性能下降,故必须进行清扫。油冷却器风管部位的侧面设有清扫(检查)窗口,易于进行堵塞检查及清扫。

(5)电动送风机

采用双电动送风机结构,为三相鼠笼式感应电动机与送风机的直连。采用防振橡胶,悬挂于车体下变压器油冷却器的一侧。送风机为 4 级双叶轮轴流式,以其小型化来对应车辆地板面的降低。

(6)压力释放阀

压力释放阀的型号是 50T-B 型,其作用是当变压器油箱内部因某种故障使压力急剧增大,压力达到标定值时,能迅速开启释放,从而防止变压器油箱破裂或爆炸。从压力释放阀排除的气体和油流排到车下,当恢复正常时,阀口关闭。压力释放阀动作时信号杆将弹起且不复位。

(7)温度传感器

温度传感器用于测量变压器油温。温度传感器具有电接点,与控制系统连接。根据温度传感器检测到的变压器油箱与冷却系统连接的进出油口的油温来判断变压器工作是否正常。

(8)温度继电器

温度继电器是为了检测变压器的油温。当超出该设定值时则闭合接点,设置在车辆上的指示灯点亮。

(9)油流继电器

油流继电器的型号为 OFS,其作用是检测油循环是否正常。因油流作用于油流继电器的叶片上,从而使油流继电器的微动开关动作,显示油循环正常。在变压器投入运行时,如果油流停止,或油流反向,油流继电器的微动开关不会动作,此时,动车组上的计算机检测系统则判断变压器油泵异常。

(10)液位继电器

液位继电器设定低液位、低低液位两个接点。当变压器油位低于低液位时,发出报警信号;当变压器油位低于低低液位时,开关闭合。

任务实施

一、牵引电机检修维护

动力转向架上设置有驱动装置,并斜对称布置。牵引电机作为驱动装置重要零部件之一,用于为高速动车组提供动力。牵引电机通过螺栓安装在构架上。前端在车轴上方设有止落结构。齿轮箱为单级传动,一侧通过轴承安装在车轴上,另一侧通过垂直吊杆安装在构架上,吊杆两端均设有橡胶减振结构,上下均可拆装。牵引电机与齿轮箱间通过挠鼓形齿联轴节连接,由两个半联轴节组成,分别与电机输出轴和齿轮箱输入轴连接,易于拆装。

1. 牵引电机一级修(图 4-1-5)

检查牵引电机外观良好,电机电源线、温度和速度传感器及配线无破损,电源连接器无锈蚀、缺损、绝缘套管无损伤、连接器无松动,设备安装螺栓防松标记清晰无错位。牵引电机外壳及安装部无裂纹,电机注油孔注油堵安装良好。牵引电机通风机伸缩管无破损、扭曲穿孔,无明显偏向一侧的变形,安装牢固。接地装置和碳刷外观及安装状态良好,接地线无松动、断裂。检查碳刷磨耗,电刷长度符合限度要求。

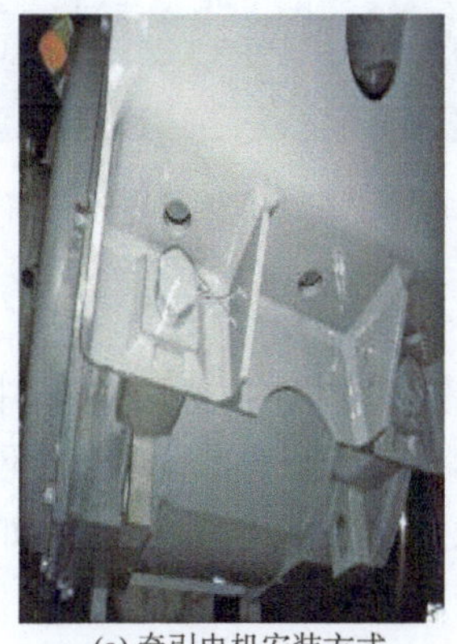
(a) 牵引电机安装方式

(b) 牵引电机通风伸缩管

(c) 牵引电机接地装置

图 4-1-5　牵引电机检修

2. 牵引电机二级修

牵引电机二级修检修过程中需要对牵引电机轴承进行润滑,同时检修牵引电机通风机并进行清洁,具体检修方法如下:

(1)牵引电机轴承润滑

牵引电机轴承分为传动端轴承和非传动端轴承,每次注油量为 20～25 g。主要操作步骤如下:

①对注油枪的内腔进行添加润滑油脂,要求添加量至少为内腔容量的 2/3。因牵引电机厂家型号不同,所以润滑脂不能混注。

②对注油枪进行试喷，要求在喷射流量稳定时，喷射 10 次，并将这 10 次的油脂进行称重，从而得出每次喷射的数量(记为 A)，$A \leqslant 1$ g。

③对注油枪的内腔进行补加润滑油脂，要求添加量至少为内腔的 2/3。

④使用电子天平对已添加润滑油脂的注油枪进行称重，并记录。

⑤拆卸牵引电机的传动端及非传动端注油嘴帽，如图 4-1-6、图 4-1-7 所示。

⑥对注油枪的内腔进行补加润滑油脂，要求添加量至少为内腔的 2/3。

⑦使用电子天平对已添加润滑油脂的注油枪进行称重，并记录。

⑧使用乐泰 755 及白布对注油口外漏位置进行清理，要求手摸无油迹。

⑨检查并确认注油杯状态良好，安装上注油嘴帽。

⑩做好加注油脂的相关记录。

图 4-1-6　传动端注油杯及注油嘴帽

图 4-1-7　非传动端注油杯及注油嘴帽

(2)牵引电机通风机检查及清洁

牵引电机通风机在牵引电机运转过程中将空气强迫吹入牵引电机内，从而对牵引电机定子、转子进行冷却，防止牵引电机温度过高。在二级修过程中对牵引电机通风机的滤网和风扇叶片及通风机电机滤网进行清洁，并检查牵引电机通风机蜗壳及支架状态，操作步骤如下：

①拆下动车牵引电机送风机车下底板，清点螺栓并定置安放螺栓和底板。

②用 1 500～2 000 W 吸尘器对冷却风机两侧网罩(图 4-1-8)进行彻底除尘。若用硬质尼龙刷时，则沿垂向轻轻清扫，清扫下来的垃圾必须清除出设备舱。

③清除冷却风机周边底板上的灰尘、杂物。

④用 1 500～2 000 W 吸尘器和硬质尼龙刷，清理冷却风机电动机自冷却风扇滤网(图 4-1-9)。

⑤检查牵引电机冷却风机安装螺栓防松标记是否错位，必要时用扭力扳手紧固到位，如图 4-1-10 所示。检查确认风机蜗壳、支架(图 4-1-11)等焊缝无裂纹，如有裂纹，则需要更换牵引电机送风机的风机。

⑥检查确认风机网罩无破损，否则更换网罩。

⑦检查与风机相连的软风道无破损，否则更换软风道。

⑧检查电机伸缩管无破损，观察风道口是否有脏堵，若脏堵严重则要全列普查并清洁。

⑨检查完毕后，恢复安装底板，通电检查风机工作状态，是否有异音等异常状况。

图 4-1-8　牵引电机送风机网罩

图 4-1-9　自冷风扇

图 4-1-10　牵引电机通风机螺栓

图 4-1-11　牵引电机冷却风机

3. 牵引电机高级修

牵引电机及牵引电机送风机高级修时为分解修零部件，具体检修项点如下：

(1)牵引电机

①牵引电机整体检修。清洁并检查端盖、轴承座，尺寸限度符合相关要求；清洁并检查接线盒，符合相关要求；清洁并检查三相电缆及连接器插针损伤限度，符合相关要求。

②电机定子检修。清洁并检查电机定子，测量定子绕组绝缘电阻，进行匝间试验和介质损耗检测，符合相关要求。

③电机转子检修。清洁并检查电机转子，转轴轴承位、轴锥面、轴锥过渡圆角处等位置进行磁粉探伤，转子进行动平衡试验，符合相关要求。

④电机轴承检修。牵引电机轴承更新，润滑脂更新。

⑤牵引电机试验。电机组装后进行绕组冷态直流电阻测试、绕组对地绝缘电阻测试、传感器功能测试和绝缘电阻测试、磨合试验、空载试验、轴承温升试验、堵转试验、振动测试、定子绕组耐压测试、转轴对地绝缘测试，符合相关要求。

(2)牵引电机送风机

①清洁风机外壳及内部各部件，表面油漆破损时补漆，各部件无影响功能的变形、损伤。

②接线盒无破损、变形，各接线端子无松动、变形、损伤、锈蚀，配线无破损、龟裂，接线盒密封垫无变形、破损、龟裂。

③清洁连接器表面，连接器安装牢固，无影响功能的损伤、锈蚀；连接器插针无缩针、变形、烧损、松动等，密封圈无破损、龟裂。

④风机叶轮检修后进行动平衡试验，精度等级不低于 G2.5 级；手动转动叶轮顺畅，无卡滞。

⑤轴承及密封圈、橡胶软管、防振橡胶组件、拆卸过的紧固件更新，未拆卸的紧固件无影响功能的锈蚀、裂纹、损伤。防松标记清晰、无错位。

⑥用 DC 500 V 兆欧表测量电机对地绝缘电阻，电阻值不小于 10 MΩ。

⑦相间电阻测量：电机各相间电阻与平均电阻偏差不大于 1.5%。

⑧平面度检测：4 个安装座平面度不大于 1 mm，单座平面度不大于 0.5 mm。

⑨耐压试验：施加 AC 1 650 V、50 Hz 电压，时间 1 min，无击穿或闪络。

⑩运转试验：风机通电运转，确认叶轮旋转方向正确，无异音。

⑪振动测量：在风机全速和半速额定工况下，分别测量电机两侧轴承支撑部位水平、垂直、轴向振动位移和风机安装座处水平、垂直、轴向振动速度，要求轴承支撑部位振动值≤24 $\mu m^{P\text{-}P}$，安装座处振动速度有效值≤4 mm/s。

二、牵引变压器检修维护

1. 牵引变压器一级修

牵引变压器在一级修过程中没有检修内容。

2. 牵引变压器二级修

牵引变压器二级修内容包括状态检查、变压器油位检查、滤网清洁、干燥器检查等，具体检修内容如下：

(1)牵引变压器状态检查

①拆卸牵引变压器对应位置处的裙板和底板。

②检查牵引变压器及附属部件外观以及安装状态良好，无损伤、异常。

③检查变压器安装座安装状态良好，无裂纹；检查紧固螺栓防松标记清晰，无松动。

④检查牵引变压器本体及冷却器无漏油；有电状态下检查风机是否有异音，油泵是否漏油和有混杂的异音，如有必要，需更换备用油泵。

⑤检查高压套管裸露处及 T 形头表面无放电痕迹，若 T 形头有污垢则需擦拭清洁，位置如图 4-1-12 所示。

⑥检查一次侧回流连接器和二次侧输出连接器外观，对于未安装金属屏蔽外壳的连接器，检查连接器无裂纹、破损和漏油；对于安装金属屏蔽外壳的连接器，检查连接器无漏油。如果连接器脏污，则应进行清理；接地线连接状态良好，低压接线及信号线接线盒无异常，密封良好，位置如图 4-1-13 所示。

(2)主变压器油位检查

①油位检查工作需在油泵停止工作后至少 30 min 后进行，此时膨胀油箱实际油温接近于环境温度。

②膨胀油箱内的油温应与油位计上显示的油温允许有 20 ℃偏差。

(a) T形头位置　　(b) 高压套管位置

主变压器高压套管

图 4-1-12　T 形头位置及高压套管位置

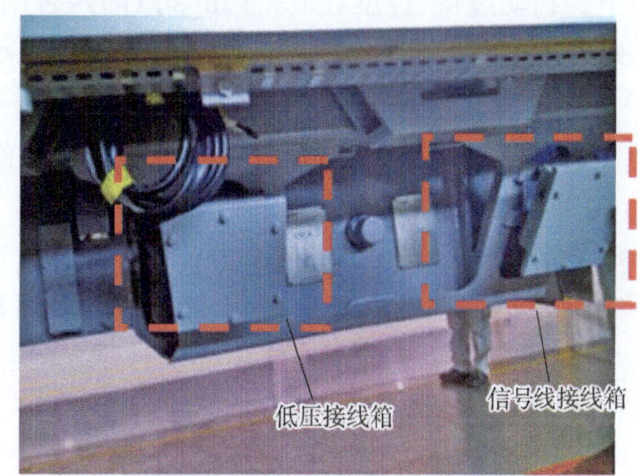

图 4-1-13　一次侧回流连接器和二次侧输出连接器

(3)干燥剂检查

①空气干燥剂的顶部和底部由铝合金铸成，其主体为玻璃制成的圆筒，内装有硅胶，并被不锈钢桶保护起来。检修时，可通过钢桶上的观察孔观测硅胶的颜色变化。

②当硅胶完全干燥时，颜色为橙色；完全饱和时为透明或绿色。若一半硅胶已经水饱和，则需要更换或再生。

(4)过滤器防护网清洁

拆下过滤器前的防护网。用强力吸尘器去除滤网上的污物，并使用压缩空气吹净；或使用高压水枪冲洗滤网灰尘和污垢，然后清除掉积水并用风枪吹干。防护网恢复时螺栓为 M6×20，扭力值要求为 10 N·m(备注：当遇到特殊天气或环境时，应提高检查和清理滤网的频次，例如杨絮、柳絮增多或沙尘暴天气)。

(5)过滤器灰尘清理

①使用毛刷清理过滤器及进风道内灰尘及杂物，然后使用吸尘器安装软性吸头，吸取过滤器及进风道内灰尘及杂物。

②完成上述清理后，使用高压风(风压约 0.6 MPa)从进风口沿从上到下、从左至右的顺序对过滤器进行冲扫。

(6)冷却风机清理

使用高压风枪(风压约 0.6 MPa)从进风口沿从上到下、从左至右的顺序对冷却风机进行冲扫。

(7)油冷却器清理

①用毛刷去除油冷却器的进风口冷却片部位、进风口罩盒积聚的灰尘和杂物。

②吸尘器吸除灰尘

用吸尘器安装软性吸头,清除油冷却器进风口罩盒、油冷却器翅片表面的灰尘,然后用吸尘器安装扁吸头从出风口对翅片表面进行吸尘。

③高压风吹扫

使用高压风枪,调整风压 0.6～0.8 MPa,距离油冷却器表面 10～12 cm,从油冷却器的出风侧向进风侧吹扫。风枪喷射的高压风与油冷却器风翅片通风方向平行,防止风翅片翻卷变形。吹扫时从上至下,从左至右缓慢移动风枪,确保对每一列风道都进行了彻底吹扫。风枪喷嘴不要移动过快(速度在 0.05 m/s 以内),否则会使高压风与油冷却器风翅片倾斜相对,导致风翅片发生扭曲变形。吹扫完成后,将吹出的污物从油冷却器的观察窗取出。

3. 牵引变压器高级修

牵引变压器三级修为现车委外检修,四级修为下车分解检修。

(1)三级修

①牵引变压器本体检修

a. 清洁变压器可触及表面,表面油漆及可视各零部件状态良好。

b. 清洁并检查变压器输出插头外观,无裂纹、缺失。

c. 可视部位电气接线连接牢固,状态良好。

d. 牵引变压器本体可视部位、油泵及各管路连接部位无漏油,阀门锁定位置正确。

e. 接地线连接状态良好,损伤限度符合相关要求。

f. 清洁并检查油位玻璃管(视窗),无破损,油位正常。

g. 橡胶减振器可视部位损伤限度符合相关要求。

h. 油泵外观状态良好,运转正常。

i. 温度传感器、油流继电器、油位继电器、压力释放阀外观状态良好。

j. 清洁并检查变压器一次侧回流插头和二次侧输出插头,金属及非金属外壳无破损、裂纹;连接导体无损坏、电蚀,电缆连接紧固;非金属外壳对接处密封圈无破损、变形,插头 O 形圈更新;检查插座状态良好。

k. 吸湿器外观状态良好;硅胶颜色符合相关要求。

l. 清洁并检查 T 形接头外表面,无破损、裂纹;接地线无断股,接地线紧固件紧固状态良好,无锈蚀。

②冷却单元检修

a. 可触及冷却单元表面清洁;外观检查冷却单元安装状态良好,表面油漆良好,机械部件无严重机械损伤,紧固件紧固状态良好,无漏油。

b. 可视部位电气接线连接牢固,状态良好。

c. 清洁风机可触及部位,风机安装牢固,状态良好。

d. 冷却器安装状态良好,无泄漏;部件无严重机械损伤,紧固件无松动;清洁冷却器、滤网、过滤器。

(2)四级修

①牵引变压器本体

a. 变压器表面须清洁，无污物；无严重机械损伤。紧固部件无松动，防松标记清晰、无错位。

b. 牵引变压器表面油漆状态良好，设备外观磕碰及涂装油漆脱落时修复。

c. 检查牵引变压器安装销、横向止挡及冷却系统安装座焊接面，对焊缝处脱漆探伤，对有焊接缺陷的部位进行打磨剔除，在缺陷消除后方可进行补焊修复。

d. 牵引变压器本体、膨胀油箱（或储油柜）、油泵及各管路连接部位无漏油，蝶阀、各球阀外观良好，无破损、裂纹及渗漏。阀门锁定位置正确。

e. 电气接线连接牢固，电缆无老化、过热变色及机械损伤，带保护的电缆防护状态良好，固定牢固，电缆线号、设备标识齐全清晰。接地线连接牢固。接线端子安装牢固，无烧损。

f. 接地线连接状态良好，无断股，整根断线不超过10%，否则更换。

g. 所有拆解部位的密封垫、紧固件更新。

h. 检查变压器油位在正常的刻度范围内；油位玻璃管外观良好，无破损、裂纹及渗漏；油位刻度板无破损、标识清晰。

②冷却单元

a. 对系统安装梁、风机安装梁、滤网、冷却器、风道、软连接风道等部位进行清洗；影响功能的外观磕碰、破损、裂痕等异常时进行修复或更换，油漆脱落时进行补漆。

b. 目视冷却器吊装座、风机吊装座部位有无裂纹，并对焊缝处脱漆进行PT检查，有裂纹时进行焊接修复，不能修复时进行更换。

c. 风机分解检修，更换轴承、轴承密封圈及接线盒密封垫；风机扇叶无裂纹、损伤，如有可对裂纹部位进行修复，无法修复时更新，修复或更新后需要对叶轮进行动平衡试验。

d. 风机重新组装后进行外观检查、机械运转、振动、绝缘电阻、工频耐压、输入功率及输入电流试验，符合相关要求。

e. 清洁冷却器，并进行密封性试验和风阻测试，符合相关规定。

f. 重新装配冷却单元时，要更新橡胶密封条、O形圈，更新金属减振器、挠曲风道和冷却单元所拆卸的所有紧固件。

③油泵

a. 油泵分解检修，油泵法兰与端盖间的密封件和紧固件更新，油泵轴承更新，接线盒盖密封垫更新。

b. 油泵外观无破损、无裂纹，电气连接紧固良好。

c. 油泵组装后进行外观检查、直流电阻测量、密封试验、绝缘耐压试验、油泵性能测试，确认功能正常，无异音。

④保护装置

保护装置包括温度传感器、表盘式温度继电器、油流继电器、液位继电器和压力释放阀。

a. 各保护装置安装状态良好，螺栓紧固无松动，防松标记清晰、无错位，有破损、裂纹等异常时更换。

b. 温度传感器按如下要求校准：在0 ℃时，其电阻值为100 Ω，允差±0.30 ℃；在100 ℃时，其电阻值为138.5 Ω，允差±0.80 ℃。

c. 表盘式温度继电器进行校准。

d. 油流继电器、液位继电器进行动作功能测试，满足相关要求。

e. 压力释放阀无损坏，功能正常。清洁压力释放阀电气触点；手动触点、检测触点通断功能正常，通断状态满足要求。

⑤电气接线

a. 高压套管紧固螺栓无松动，防松标记清晰、无错位，接地线安装良好。外观有裂纹、烧损、变色、漏油时更换。

b. 清洁并检查变压器低压端子及高压接地端子插头、插座，安装应牢固，无损坏、漏油。目视检查基座无裂纹，连接螺纹孔状态良好。

c. 更新低压端子及高压接地端子插头插座接触处O形密封圈、插头插座连接螺栓。

d. 低压连接器内绝缘体无发黑、损坏和裂纹；电气接线连接牢固，插针无缩针、烧损、锈蚀或镀层脱落现象。

⑥其他附件

a. 波纹管无尖锐磕碰或深度超过2 mm的圆滑磕碰，无渗漏。

b. 清洁吸湿器进气口，吸湿器无破损、裂纹，吸湿器硅胶颗粒和密封垫圈更新。

⑦检修后的试验要求

进行外观检查、极性试验、绕组电阻、绝缘电阻测量、工频耐压、感应耐压、变比测量、空载电流及空载损耗测量、保压试验、辅机电流功率检测及油脂化验，符合相关要求。

任务二　电气装置检修与维护

任务描述

本任务中的高速动车组电气装置，具体是指车顶高压设备和司机室控制器。车顶高压设备主要包括受电弓、真空断路器、高压隔离开关、接地开关、避雷器等。通过本任务学习，掌握受电弓、真空断路器、高压隔离开关及司机室控制器的一级修、二级修、高级修的方法与步骤。

知识链接

1. 受电弓

受电弓是由车顶接触网获取和传递电流的机械组成。受电弓的升降是由气囊组成的平衡系统控制，气囊的压力空气由气动控制单元提供，在压力空气作用下气囊伸长产生扭矩，通过凸轮及弹性连接轴作用在下臂铰链处，从而使受电弓升起。电子控制单元接收来自车辆的控制信号，如速度、接触网类型等，通过内部运算，调整输出至气囊的压力，使弓头和接触网之间保持设定的接触力。受电弓组成结构如图4-2-1所示。

受电弓主要的控制逻辑是首先根据线路接触网参数和以往的运营经验在控制单元内设置速度—气囊压力曲线，然后进行空气动力学试验对不同工况下的速度压力曲线进行调整和校正，再将调整之后的速度—气囊压力曲线设置到控制单元内，最后进行弓网受流性能试验对速度—气囊压力曲线和弓网受流性能进行验证，控制过程如图4-2-2所示。

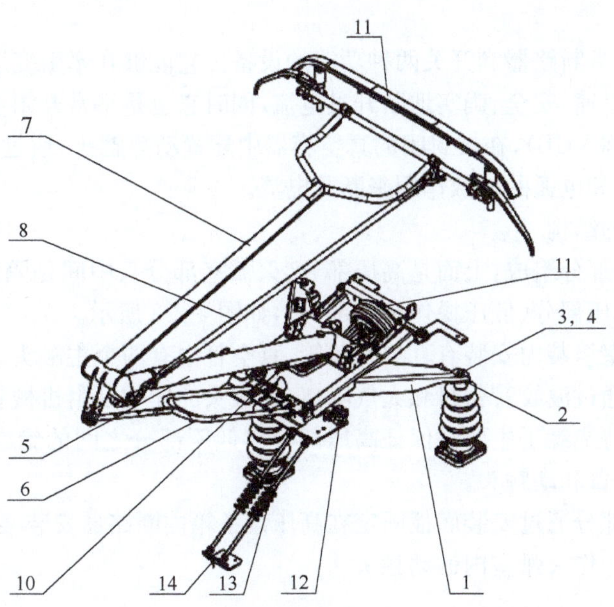

1—底架；2—垫块；3，4—绝缘子坚固件；5—下臂；6—下拉杆；7—上臂；
8—上平衡杆；9—气囊；10—阻尼器；11—弓头（包括碳滑板）；
12—ADD 阀；13—APIM；14—APIM 固定板。

图 4-2-1　受电弓结构

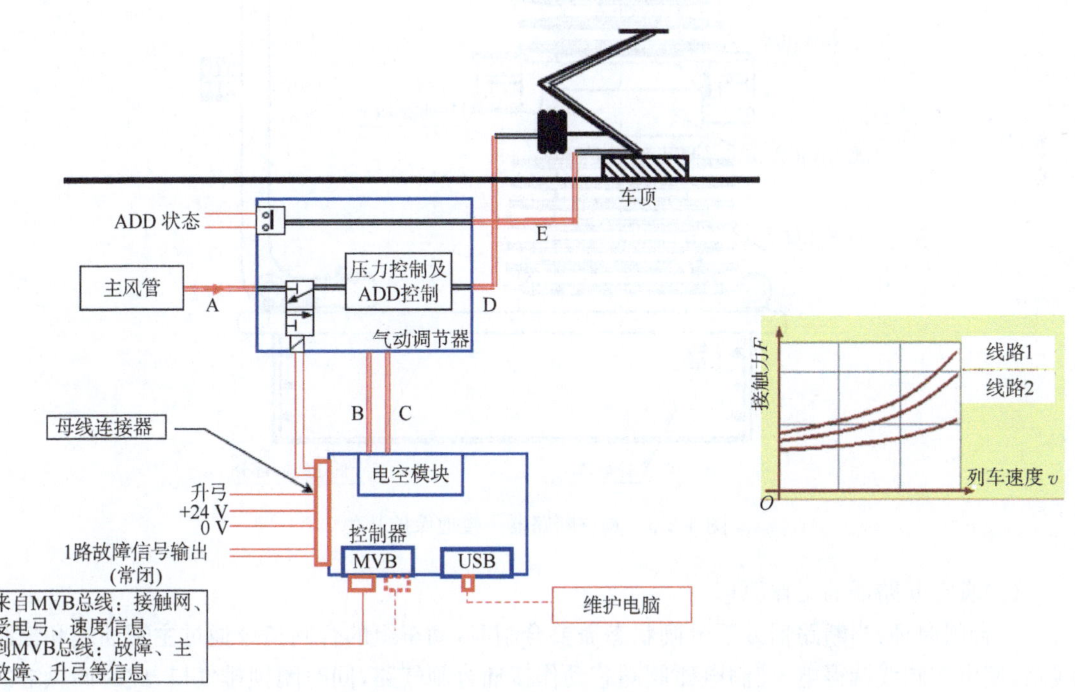

图 4-2-2　受电弓主动控制逻辑

2. 真空断路器

真空断路器是兼具断路器和开关两种功能的设备。它能够在牵引变压器在二次侧以后的电路中发生故障时，迅速、安全、确实地断开过电流，同时它也是平常开闭主回路一种开关。

真空断路器(通称 VCB)，在被封闭的真空容器中配置动静触头，通过动静触头，利用真空中有高的耐绝缘能力和电弧的扩散作用来断开电流。

(1)真空断路器的结构

真空断路器由三部分组成：上面是高压部分(灭弧室部分)、中间是隔离绝缘部分(支持绝缘子部分)、下面是低压部分(低压操作机构部分)，如图 4-2-3 所示。

高压部分：灭弧室组装内安装有真空开关管，真空管内有两个主触头，一个是静触头，另一个是动触头，其触头通过波纹管密封和大气隔离，动触头的操作是由机械装置传动来完成。

支持绝缘子：支持绝缘子主要是保证高压部分与低压部分之间的绝缘，通过绝缘子内腔，绝缘推杆连接机械装置和动触头。

低压部分：低压部分通过安装底板固定在高压设备箱内断路器安装架上，低压部分主要是机械操作部分，用于操作灭弧室内的动触头。

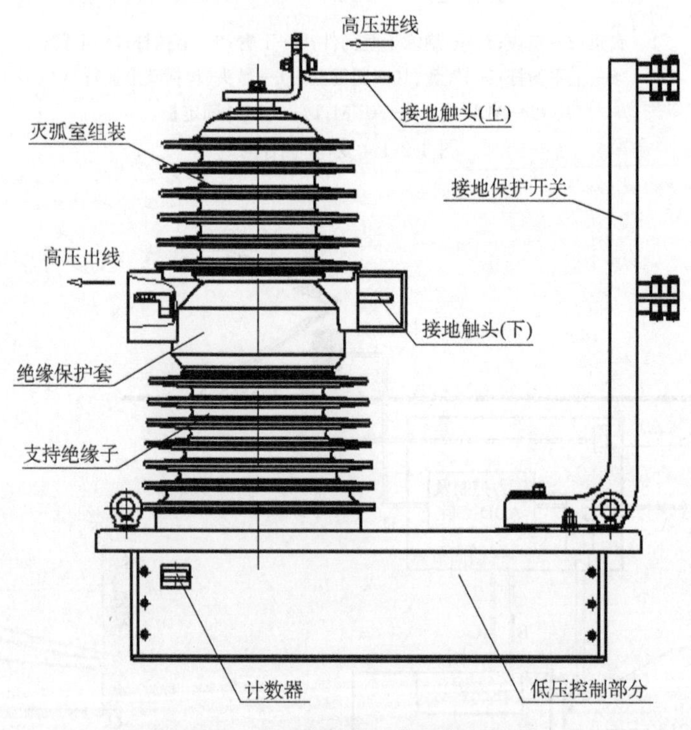

图 4-2-3　真空断路器＋接地保护开关

(2)真空断路器的工作原理

①合闸原理：当断路器处于分闸状态需要合闸时，动车组的合闸指令通过主断插座和控制线路，使电磁阀线圈得电，控制电磁阀阀芯动作接通合闸气路，同时闭锁排气口，此时储风缸的压缩空气迅速进入传动气缸，驱动活塞运动，通过绝缘推杆传递，实现灭弧室机构闭锁，完成断路器的合闸过程。

②分闸原理：当断路器处于合闸状态需要分闸时，动车组的分闸指令(断电)控制线路，使

电磁阀圈断电，控制电磁阀在内部弹簧动作下，关闭合闸气路，接通排气口，此时工作气缸中的气从快排阀排出，在分闸弹簧的作用力下，带动灭弧室动触头动作，实现断路器的分断过程。

3. 高压隔离开关

高压隔离开关属于高压保护电器。它的主要作用是优化配置 25 kV 电路内高压设备的运行工况，当高压设备发生故障时，能将故障高压单元隔离，维持动车组运行。

(1)高压隔离开关的构造

高压隔离开关结构如图 4-2-4 所示，高压隔离开关通过高隔底架安装在高压箱内。它装有两个刀闸板，一端固定在固定座上，另一端延伸到接触头上。刀闸板通过拉杆与下面的传动机构相连，传动机构采用长槽滑块机构，利用电控、气动的控制方式。在高隔底架两侧，分别固定安装电磁阀和传动气缸、传动轴，保证了刀闸板与传动机构的转动。转轴末端上的凸轮是用来控制安装在高隔底架上的辅助触头开关，辅助触头开关用于检测开关状态并将信号传输到司机室。

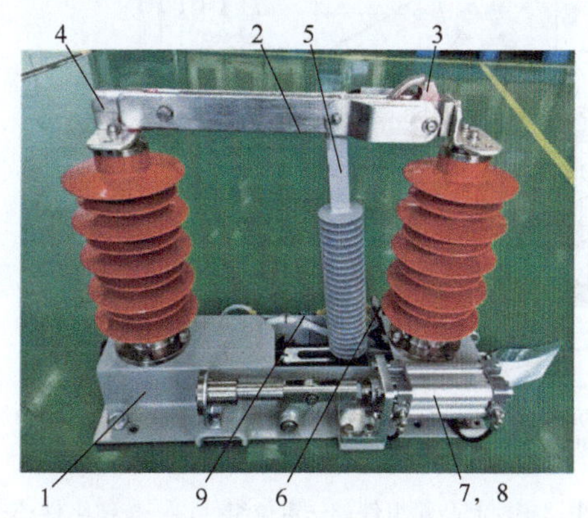

1—底架；2—刀闸板；3—固定座；4—接触头；5—下拉杆；6—电磁阀；
7—传动气缸；8—传动轴；9—辅助触头开关。

图 4-2-4　高压隔离开关

(2)高压隔离开关工作原理

①分闸原理：当高压隔离开关处于合闸状态时，电磁阀得到分闸信号，得电动作，打开气路，压缩空气经电磁阀进入压力气缸，推动操纵杆，使转轴旋转 60°，隔离开关分断。转轴转动的同时，固定在主轴上的凸轮驱动低压联锁改变为分闸状态，并将信号传到司机室。

②合闸原理：当高压隔离开关处于分闸状态时，电磁阀得到合闸信号，得电动作，打开气路，压缩空气经电磁阀进入压力气缸，推动操纵杆，使转轴旋转 60°，隔离开关闭合。转轴转动的同时，固定在主轴上的凸轮驱动低压联锁改变为合闸状态，并将信号传到司机室。

高压隔离开关不带灭弧装置，不具有开断电流的能力。因此，它的所有动作都必须在主断路器处于分断状态时进行。

4. 司机室控制器

司机控制器是司机用来操纵动车组运行的主令控制器，是司机用来发出动车组运行过程中牵引制动指令的主令控制设备。

(1)司机室控制器的特点及结构

司机控制器结构紧凑、体积小、质量轻、高可靠、长寿命、少维修，主要包括速动开关、模式按钮和编码器，如图 4-2-5 所示。

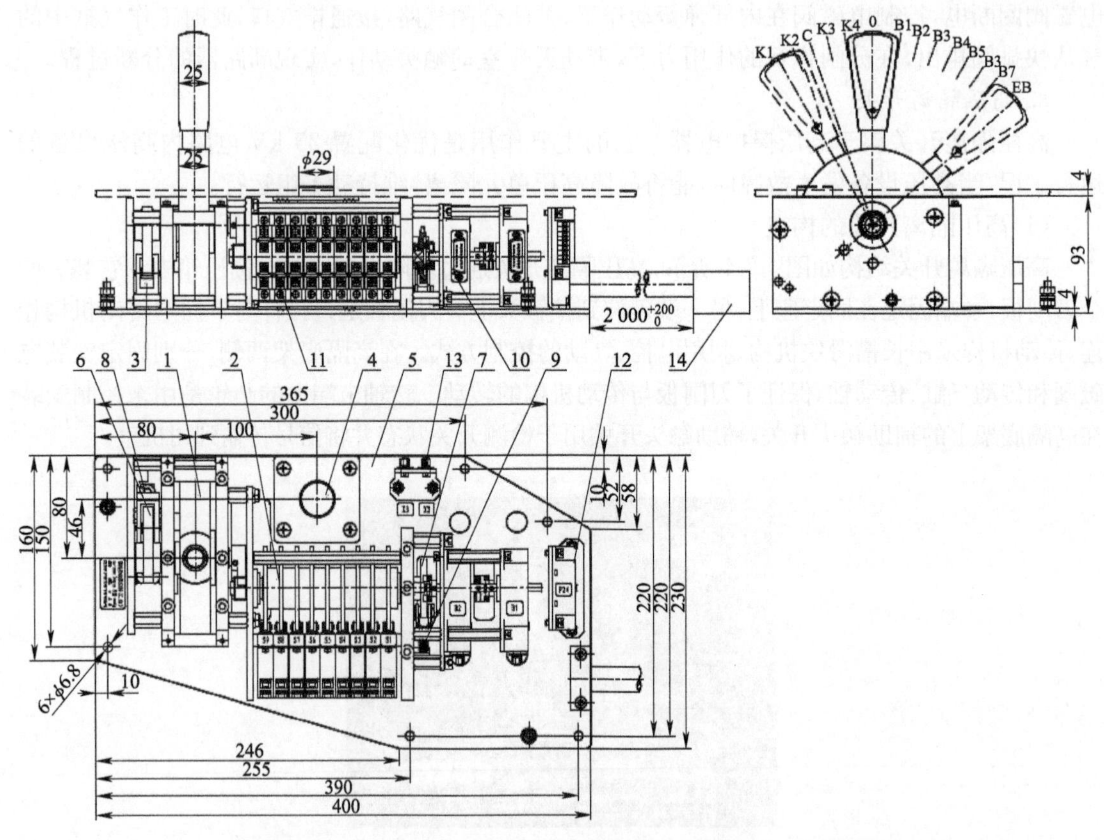

1—手柄座组件；2—控制凸轮组件；3—定位组件；4—按钮组件；5—安装底板；

6—定位轮 1；7—定位轮 2；8—自复弹簧；9—定位弹簧；10—编码器；11—速动开关；

12—编码器保护装盒；13—连接器；14—电缆及接头。

图 4-2-5　司机控制器(单位：mm)

(2)司机室控制器的工作原理

司机控制器设置 1 个手柄。向前为牵引，向后为制动，同时设置有一个模式选择按钮。

手柄设有 0 位(手柄垂直)、恒速位、紧急制动位三个位置及牵引区域、制动区域两个区域。牵引区域设有分 2 级的牵引加速区域及分 2 级的牵引减速区域，牵引加速区域、牵引减速区域相对于恒速位是自复的。制动区域设有 7 级。手柄上设有防误动按钮，手柄从 0 位向前推向牵引区域时，必须按下手柄头部的按钮，从任何挡位向后拉向制动区域时，不需要按下按钮。司机控制器手柄的转动，通过与手柄连接的两个光电格雷编码器输出牵引、制动指令，手柄转到紧急制动时，通过紧急制动开关输出紧急制动指令。

当主手柄在 0 位时，通过按下模式选择按钮。开关切换速度控制模式或级位控制模式。

任务实施

一、受电弓检修维护

1. 受电弓一级修

(1)检查受电弓底架、阻尼器、升弓装置、下臂、弓装配、下导杆、上臂、上导杆、绝缘软管配件齐全，状态良好。

(2)检查气囊。降弓状态下，检查气囊表面龟裂或划伤，若发现气囊单个裂纹或划伤满足下列条件时应更换。

①可见内部帘布层；气囊鼓包。

②气囊龟裂深度>1.2 mm且长度>25 mm。

③气囊表面若被异物击打，破面超过1 cm^2或露出编织线。

(3)绝缘检查。检查绝缘伞裙，除尘如果表面附着灰尘，使用中性清洗剂擦拭干净。绝缘气管(APIM)表面若有裂纹或缺块，则更换绝缘气管。

(4)检查软铜编织线完整，连接无松动，无磨损，断股截面积不得超过10%(约24根)。

(5)检查碳滑板，具体特点如下：

①侧面裂纹：无贯穿至铝托架的侧面裂纹。

②上表面裂纹：无纵向贯穿性裂纹；无裂到碳滑板边缘且宽度>0.3 mm的横向裂纹；摩擦区不超过3条以上裂纹。

③边缘掉块：缺陷掉块占宽度方向应≤40%。

④滑板基座：基座表面孔洞直径≤2 mm。

⑤碳滑板的剩余碳条高度<磨耗高度时更换。

(6)检查弓角无变形，磨损不超过运用限度要求。

(7)受电弓平台隔声罩状态良好，无撞击变形、裂纹或破损，密封胶无变形、开裂。

(8)受电弓平台底部排水管(每个平台4处)畅通、无异物堵塞。

2. 受电弓二级修

(1)润滑

下拉杆两端轴头、上平衡杆轴接头、阻尼器安装轴、弓角固定螺栓凹槽、下臂凸轮槽需涂满Shell 6油脂，如原油脂处有灰尘杂质，需清除杂质再重新涂满油脂，具体位置如图4-2-6所示。

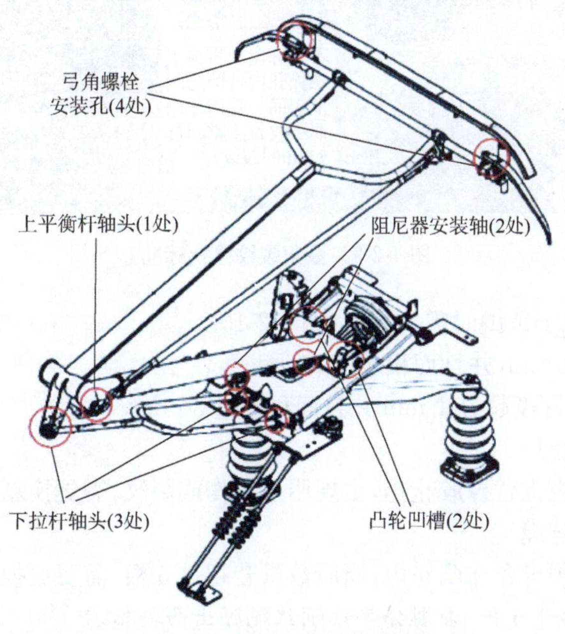

图4-2-6　受电弓润滑位置示意

(2)弓角检修

①检查弓角外形,弓角表面漆层有少许脱落,不必更换。

②图 4-2-7 所示 A、B 位置通常最容易断裂,磨损超过 2 mm 需要更换(未磨损前 A 处厚度为 20 mm,B 处厚度为 19 mm)。

③弓角表面允许存在少许裂纹,当裂纹程度超出以下范围时需要更换:

a. 弓角表面上方存在横穿裂纹,如图 4-2-8 所示。

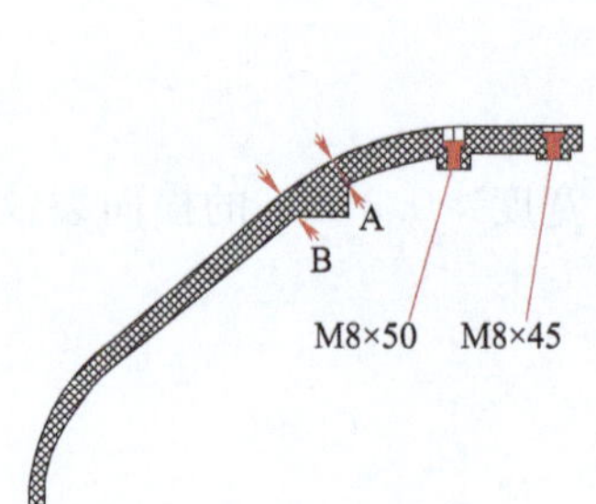

图 4-2-7　弓角磨耗检测

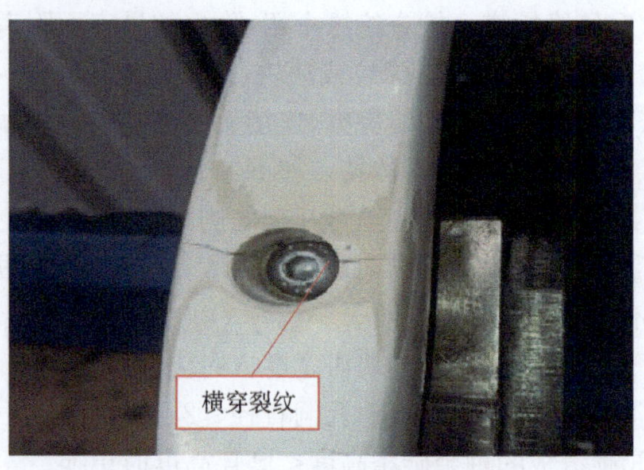

图 4-2-8　弓角裂纹更换标准

b. 安装螺栓孔处,出现贯穿于内外侧(裂纹从内侧一直延续到外侧)之间上表面并且内外侧面长度都超过 5 mm 的裂纹,如图 4-2-9 所示。

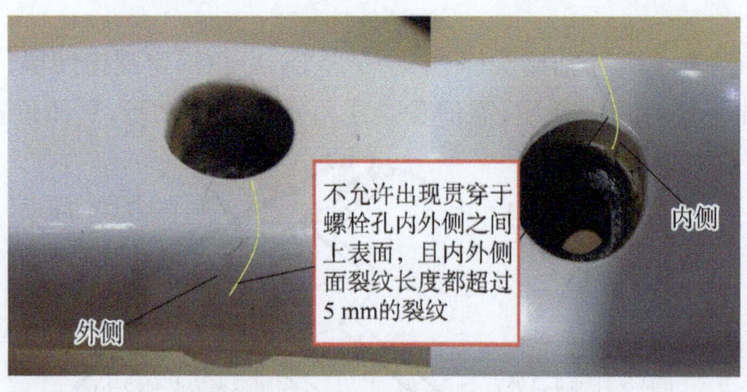

图 4-2-9　弓角裂纹更换标准

④弓角掉块超出以下范围时需要更换(图 4-2-10)。

a. 单个深度超过 1 mm,并且面积超过 50 mm²。

b. 累计超过 3 处,深度超过 1 mm 并且面积超过 30 mm²。

(3)检查上臂橡胶止挡

将受电弓升起,检查上臂橡胶止挡,出现明显损伤或裂纹,需更换新品。

(4)检查凸轮处钢丝绳

升弓后,钢丝绳必须卡紧在凸轮内,断股数量若超过 5 根,需要更换。

(注意:不要用手抬升弓头,否则会导致钢丝绳脱出凸轮槽。)

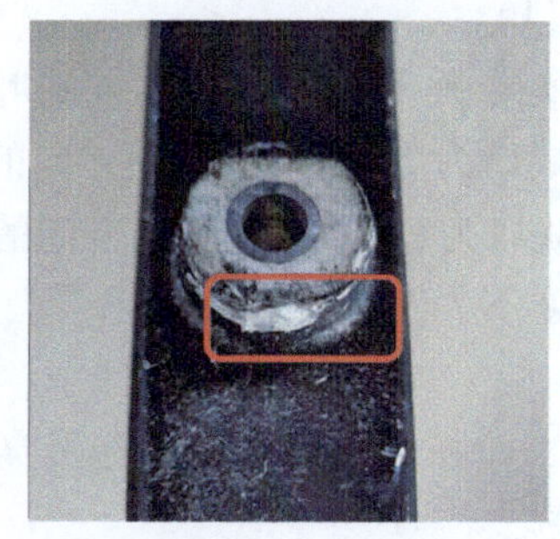

图 4-2-10　弓角掉块更换标准

(5)检查气囊

降弓状态下,检查气囊表面龟裂或划伤,若发现气囊单个裂纹或划伤满足以下条件应更换。

①可见内部帘布层,气囊鼓包。

②气囊龟裂深度>1.2 mm 且长度>25 mm;气囊表面若被异物击打,破面超过 1 cm^2 或露出编织线。

(6)检查绝缘气管(APIM)

检查绝缘伞裙,如果表面附着灰尘,使用中性洗剂擦拭干净。绝缘气管(APIM)表面若有裂纹或缺块,需更换绝缘气管。

(7)检查下拉杆

下拉杆两端轴承径向紧固无明显晃动,若晃动需更换,轴承两端橡胶垫无脱出,若脱出应立即更换。

(8)检查阻尼器

阻尼器无漏油,降弓时弓头下降至落弓位时有明显的阻尼作用。

(9)检查碳滑板

①侧面裂纹:无贯穿至铝托架的侧面裂纹。

②上表面裂纹:无纵向贯穿性裂纹;无裂到碳滑板边缘且宽度>0.3 mm 的横向裂纹;摩擦区不超过 3 条以上裂纹。

③边缘掉块:缺陷掉块占宽度方向应≤40%。

④滑板基座:基座表面孔洞直径≤2 mm。

⑤碳滑板的剩余碳条高度小于磨耗高度时更换。

(10)检查绝缘子

清洁并检查绝缘子。绝缘子外观需满足以下限度:

①伞裙表面缺陷

a. 同一绝缘子缺陷部位不超过 5 处,同一叶片不超 3 处。

b. 同一叶片上有 1 处缺陷时,不大于叶片面积 10%;有 2 处缺陷时,均不大于叶片面积 5%。有 3 处缺陷时,均不大于叶片面积 3%。

c. 半径方向的长度不大于 30 mm。

d. 绝缘子本体无破损。

②伞裙缺损(缺口)

a. 同一绝缘子伞裙缺口不超过5处,同一叶片不超过2处。

b. 当同一叶片缺口为1处时,沿圆周方向的缺损长度不大于50 mm。

c. 当同一叶片缺口为2处时,沿圆周方向的缺损长度均不大于20 mm。

d. 径向缺口长度不大于10 mm。

③伞裙裂纹

伞裙根部无裂纹,伞裙从边缘沿径向无贯穿性裂纹,伞裙切向贯穿性裂纹不大于20 mm。

(11)编织线检查

检查软铜编织线完整,连接无松动,无磨损,断股截面积不得超过10%(约24根)。

(12)升降弓时间检查和调整

测量升降弓时间,以受电弓弓头开始抬升计时。受电弓升弓时间≤9 s,且不引起有损害的冲击;受电弓降弓时间≤9 s,且不引起有损害的冲击。

(13)受电弓静态接触力检查与调整

不拆阻尼器,测量落弓位滑板面为起测点以上0.5 m、可测量的最高点(最高不超过1.9 m)和两者中间任一点(建议选靠近中点处)3处的静态力,上升过程中的力不低于60 N,下降过程中的力不超过100 N;上升及下降过程中,同一高度点力的差值不超过30 N。如若测量的静态接触压力不在测量值要求项点范围之内,需对受电弓重新标定。

3. 受电弓高级修

(1)受电弓整体状态检修

使用温水或温水加中性洗涤剂清洁受电弓各零部件及绝缘子表面,然后用清水清洗表面的清洗剂,再用脱脂棉或白细布擦干。勿用尖利物品刮擦或在硅橡胶表面用力摩擦。

①受电弓状态检修。检查弓体油漆是否脱落。弓头、上臂、下臂、上平衡杆、下拉杆底架等配件无变形、损坏或开裂。

②受电弓机械主体上不许有超过壁厚1/2的电蚀,如图4-2-11所示确定壁厚。

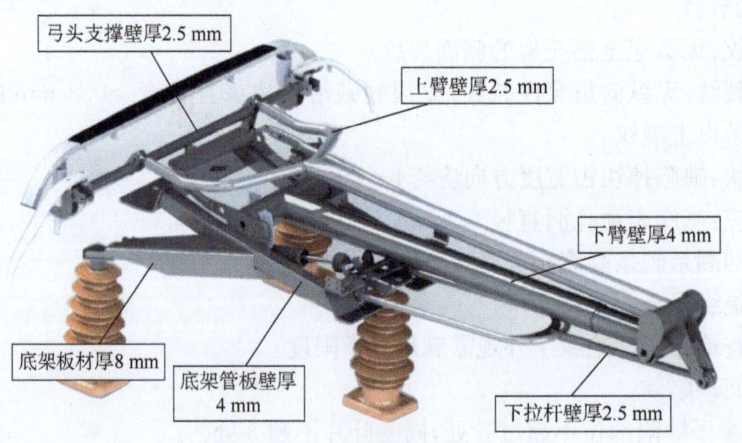

图4-2-11 受电弓各部位壁厚

③各紧固螺栓、连接螺栓及弓头弹簧安装牢固,防松标记清晰,无错位,所有电气连接端子无烧损、变形。在安装过程中如无特别注明扭矩要求,用力拧紧即可。如果有扭矩要求,则根

据扭矩要求使用扭矩扳手确认达到扭矩要求。

④检查橡胶堆(止挡)安装水平,无老化、变形;检查风管固定良好,无破损。

⑤检查升弓气囊螺栓紧固,气囊橡胶部件无划伤或裂纹。若发现裂纹现象,及时反馈技术人员。若发现气囊存在深度≥1.2 mm且长度≥25 mm的单个龟裂时,或可见气囊内部的编织层、气囊鼓泡时,需更新气囊。

⑥清洁并检查绝缘风管(APIM)装置,外观无深度≥1 mm或面积≥25 mm²的破损及灼伤。

⑦阻尼器检修。检查阻尼器防尘罩无破损,阻尼器无动作卡滞、漏油现象,否则需重新更换。更换时需清除阻尼器两端轴承油脂,拆卸两端M8六角螺栓,如图4-2-12所示。安装新阻尼器两端M8六角螺栓时,需按照技术文件要求扭矩紧固,并涂打放松标记。阻尼器两端轴承涂满润滑脂。

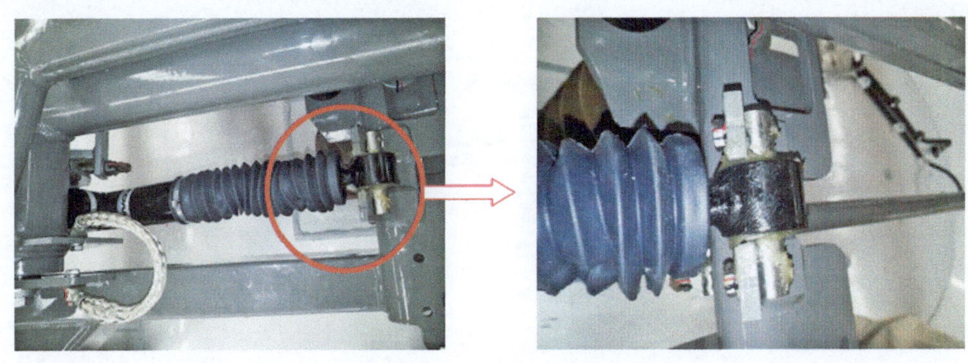

图4-2-12　受电弓阻尼器检修

⑧轴承及升弓装置销轴使用润滑脂进行润滑。关节部位动作无卡滞、无异音,润滑位置如图4-2-13所示。

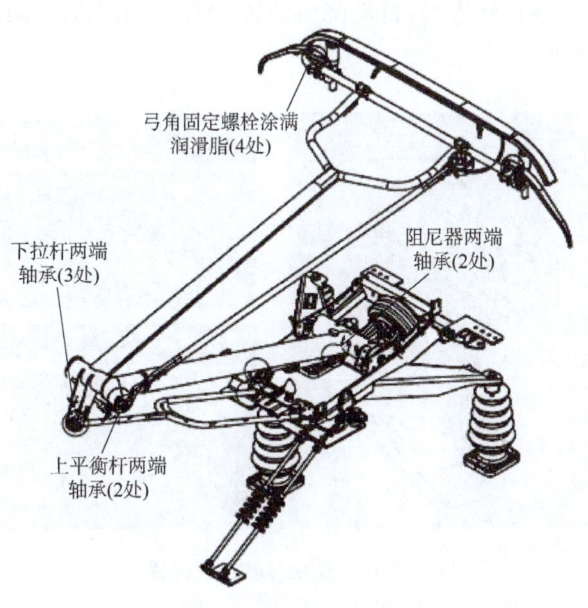

图4-2-13　受电弓润滑位置

⑨在降弓位置，手动按压两侧钢丝绳，张紧程度基本一致，外观检查发现绳股有断丝时更新。钢丝绳更换步骤如下：

a. 用手将受电弓拉起，施力位置最好为弓头安装架处，禁止拉拽气管、碳滑板、导电线、弓角等易损部位。

b. 当受电弓弓头抬升至一定高度后(约 1～1.2 m)，在上臂和下臂之间靠近它们的铰接处插入一个木制楔子。

c. 用手将下臂凸轮上的钢丝绳由卡槽处拆下(图 4-2-14)。

d. 将拆下的钢丝绳与需要换上的新钢丝绳两端对齐，调整新的钢丝绳端部螺母，使其端部螺母与拆下的钢丝绳螺母平齐(可检查螺母处露出的螺纹是否一样多，注意原有的两根钢丝绳螺母处露出的螺纹可能不一样多，因此新的钢丝绳需根据更换的钢丝绳进行调整)，保证新旧两个钢丝绳的有效长度一样。

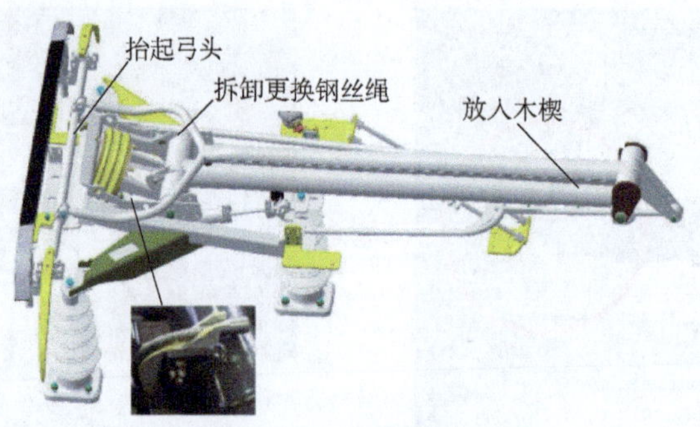

图 4-2-14　钢丝绳更换示意

⑩检查受电弓软连线安装牢固，断线大于 10％或断股时更新。软连线共 7 根，分别为两长五短，短接于受电弓各个位置的轴承，上臂与下臂间 2 根短软连线、下臂与底架间 2 根短软连线、碳滑板与弓头间 2 根长软连线，自动降弓装置(ADD)固定板与绝缘子间 1 根短软连线，电缆分布如图 4-2-15 所示。

图 4-2-15　受电弓软连线位置

更换软连线时，需注意碳滑板与弓头间两根长软连线需要使用钢头尼龙扎带捆扎固定牢固，固定点约在软连线的中间位置，所有软连线端子方向需根据拆除状态，原样恢复。

⑪弓角磨损限度。检查弓角 A 点与 B 点磨损超过 2 mm，则需则要更换(未磨损前 A 处厚度为 20 mm，B 处厚度为 19 mm)。

⑫绝缘子外观检查：

a. 清洁绝缘子，支撑绝缘子金属部件无锈蚀，伞裙表面缺陷要求如下：同一绝缘子缺陷部位不超过 5 处，同一叶片不超过 3 处。同一叶片上有 1 处缺陷时，不大于叶片面积 10%，且深度不大于 1 mm；有 2 处缺陷时，均不大于叶片面积 5%，且深度不大于 1 mm；有 3 处缺陷时，均不大于叶片面积 3%，且深度不大于 1 mm；半径方向的长度不大于 30 mm；绝缘子本体缺陷深度不大于 1 mm，或面积不大于 25 mm^2。

b. 伞裙缺损(缺口)。同一绝缘子伞裙缺口不超过 5 处，同一叶片不超过 2 处；当同一叶片缺口为 1 处时，沿圆周方向的缺损长度不大于 50 mm；当同一叶片缺口为 2 处时，沿圆周方向的缺损长度均不大于 20 mm；径向缺口长度不大于 10 mm。

c. 伞裙裂纹。伞裙根部无裂纹，伞裙从边缘沿径向无贯穿性裂纹，伞裙切向贯穿性裂纹不大于 20 mm。对于非贯穿性裂纹，裂纹长度小于 5 mm 可不计，裂纹长度大于等于 5 mm 可算作 1 处缺陷计数；绝缘子伞裙缺口和缺陷同时存在时，同一个绝缘子上的缺口和缺陷总数不超过 5 处；防污闪涂层，表面涂层缺陷不多于 3 处，每处不大于 1 cm^2。

(2)碳滑板检修

①检查碳滑板状态良好，当出现表 4-2-1 中情况之一时，更换受电弓碳滑板。

表 4-2-1　更换碳滑板的缺陷类型

<table>
<tr><th>序号</th><th colspan="2">缺陷类型</th></tr>
<tr><td>1</td><td colspan="2">碳滑板的剩余高度不满足运用要求(小于 6 mm)</td></tr>
<tr><td>2</td><td colspan="2">滑板断裂</td></tr>
<tr><td>3</td><td colspan="2">滑板漏气</td></tr>
<tr><td rowspan="4">4</td><td rowspan="4">出现下列裂纹时</td><td>贯穿至铝托架的侧面裂纹</td></tr>
<tr><td>延伸至滑板边缘且宽度大于 0.3 mm 的横向裂纹</td></tr>
<tr><td>滑板上摩擦区有 3 条及以上裂纹</td></tr>
<tr><td>纵向贯穿性裂纹</td></tr>
<tr><td>5</td><td colspan="2">缺陷掉块在宽度方向掉块大于 40%</td></tr>
<tr><td>6</td><td colspan="2">铝托架存在直径大于 2 mm 的烧损孔洞</td></tr>
<tr><td>7</td><td colspan="2">接头或接缝处漏气</td></tr>
<tr><td>8</td><td colspan="2">滑板扭曲变形，经调整无法保证水平的</td></tr>
</table>

②更换碳滑板首先拆卸碳滑板上两处 M6 固定螺栓，拆卸两根软连线及一根连接气管卡箍，拆卸紧固件如图 4-2-16 所示。注意避免划伤钢衬套，钢衬套无划伤、变形等缺陷时可重复使用，其他紧固件需重新更换。

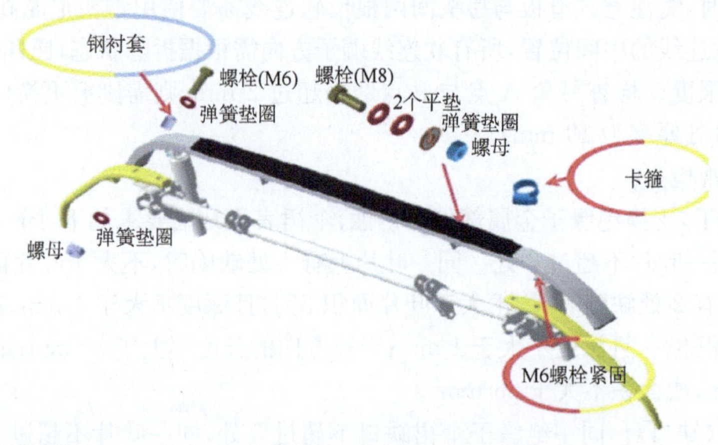

图 4-2-16　碳滑板分解示意

③拆卸下故障碳滑板，将新碳滑板安装到受电弓托架上，具体步骤如下：

a. 将新碳滑板安装在弓头的两个弹簧盒上，然后用紧固件进行紧固，涂打防松标识。

b. 碳滑板气管接头如图 4-2-17 所示，使用锁紧螺母将安装小嘴固定到碳滑板上。在安装气管前，在小嘴末端凸起处涂抹润滑脂，将气管插入气嘴。用卡箍在气嘴凹部固定，并涂打防松标识，卡箍与气管末端距离为 1～3 mm，保证气管连接端紧固可靠。

c. 将弓头与碳滑板软连线连接处均匀涂抹导电膏，然后分别连接 2 根软连线。连接检查完毕后打防松标识。

(3)阀板检修

检查阀板及各部件安装牢固，在气密工装上通压缩空气，检查受电弓阀板气密性，在气动模块内部各连接处以及所有气管两端接头处喷测漏液，检查无漏气，如图 4-2-17 所示。

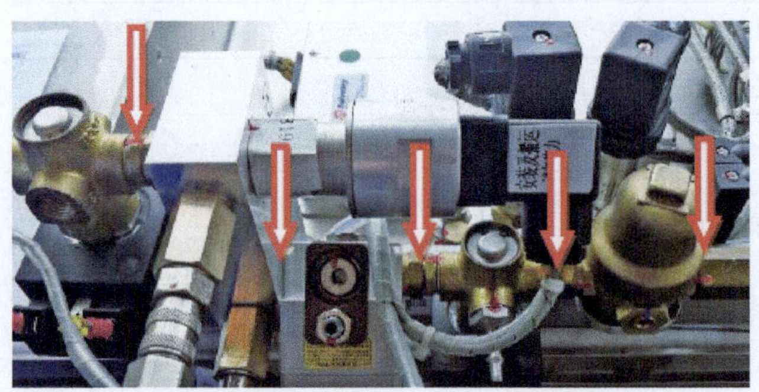

图 4-2-17　受电弓阀板气密性检查

(4)受电弓试验

①使受电弓控制阀板接通外部 DC 110 V 电源，电源“＋”极接控制阀板连接端子排 3 针和 6 针，电源“－”极接控制阀板连接端子排 18 针。

②将单车试验器的出风口通过保压工装接到总风管上，用快速充风位对受电弓阀板电磁阀充风，达到(750±10) kPa，将控制阀板连接端子排 16 针接外部 DC 110 V 电源“＋”极，受电弓升弓，16 针失电，受电弓降弓。

③自动降弓装置(ADD)特性检测。测试自动降弓功能正常。

④在降弓状态下,测量受电弓落弓保持力,要求不小于 120 N。

二、真空断路器检修维护

1. 真空断路器一级修

真空断路器一级修没有检修内容。

2. 真空断路器二级修

真空断路器二级修检修过程中,主要进行绝缘外壳和绝缘子清洁工作。在进行真空断路器检修前,需要将接地开关闭合,动车组高压系统接地,放掉残余电荷,避免施工人员发生电击事故。真空断路器检修内容如下:

(1)检查真空断路器外观状态良好、绝缘外壳无裂纹及磕碰损伤,安装牢固、无松动,用无纺布蘸无水酒精对以上部件的绝缘子外表面进行擦拭清洁。

(2)真空断路器动作机构无污损。检查真空断路器连线电缆断裂状态,断股超标需更换主回路电缆。

3. 真空断路器高级修

真空断路器在检修前应确认动车组放电完成,静置 30 min 以上开始施工。真空断路器在大修过程中,主要进行如下检修内容:

(1)用棘轮扳手拆卸高压设备箱下盖板,用吸尘器或白细布清扫真空短路器表面及主体灰尘、污物,要求表面清洁无异物,不得使用带油棉纱,防止灰尘吸附;用脱脂纸(或干净抹布蘸中性清洗液)对真空断路器的绝缘子伞裙、下母排护罩、底板、转臂等进行清洁。

(2)各零部件损伤、变形时更换;金属件锈蚀时除锈,油漆有破损时及时补漆;目视检查外部紧固件和高压接线紧固件的紧固状况,对转臂的固定螺栓进行拧紧确认,固定螺栓防松标记清晰、无错位。各螺栓、螺母松动时须紧固,真空断路器固定螺栓位置如图 4-2-18 所示。

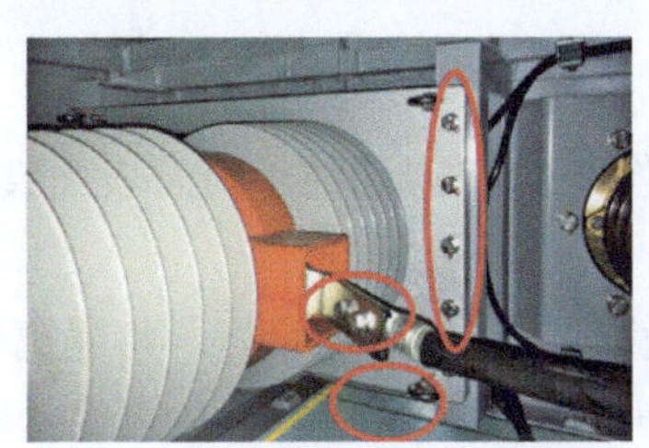
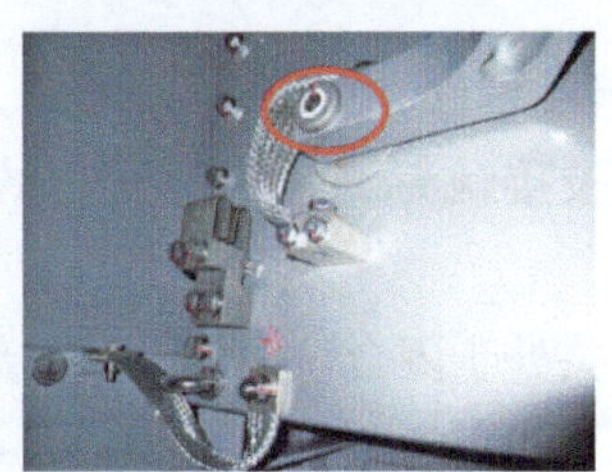

图 4-2-18　真空断路器固定螺栓位置

(3)检查连接器无松动;配线无损伤、老化。

三、高压隔离开关检修维护

1. 高压隔离开关一级修

高压隔离开关在一级修过程中无检修内容。

2. 高压隔离开关二级修

高压隔离开关二级修检修过程中,主要进行绝缘外壳和绝缘子清洁工作,在进行高压隔离开关检修前,需要将接地开关闭合,动车组高压系统接地放掉残余电荷,避免施工人员发生电击事故。真空断路器检修内容如下:

(1)检查高压隔离开关外观状态良好，绝缘外壳无裂纹及磕碰损伤，安装牢固无松动，用无纺布蘸无水酒精对以上部件的绝缘子外表面进行擦拭清洁。

(2)高压隔离开关动作机构无污损。高压隔离开关连线电缆断裂、断股超标时，需更换主回路电缆。

3. 高压隔离开关高级修

高压隔离开关检修主要对高压隔离开关表面进行清洁，检测高压隔离开关的刀闸闭合和断开的作用力，同时结合整车调试试验，检测高压隔离开关的功能。具体检修内容如下：

(1)用棘轮扳手拆卸高压设备箱下盖板，用吸尘器或白细布清扫高压隔离开关表面及主体灰尘、污物，要求表面清洁无异物，不得使用带油棉纱，防止灰尘吸附。

(2)清洁电路插座及辅助联锁触头系统各部件表面，检查无裂损、变形。

(3)检查电缆绝缘层无破损或老化，接线端子无松动，防松标记清晰，如图 4-2-19 所示。各螺栓、螺母松动时须紧固。

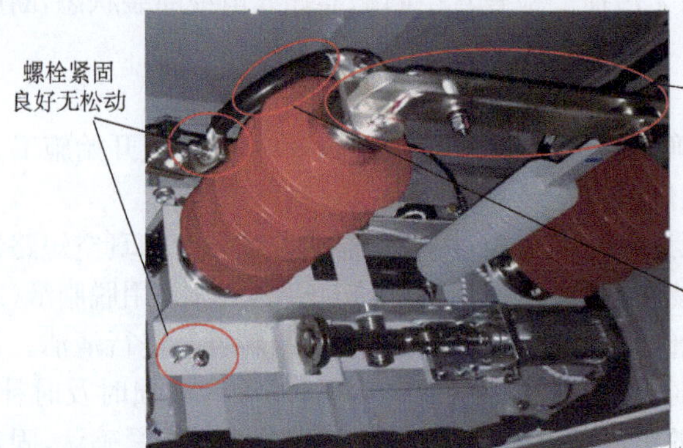

图 4-2-19　高压隔离开关检修

(4)刀闸与接触头检修

①检查刀闸板及接触头状态良好，无电灼伤，有灼伤者更换，闸刀表面镀层累计脱落面积不超过 50 cm^2。

②高压隔离开关处于闭合位时，刀闸与接触头的接触性能良好。将隔离开关打开，检测两刀闸板在自由状态下的距离≤20.5 mm，接触头上与刀闸板接触部分厚度≥20.7 mm。

③使用拉力计测试刀闸板与接触头的夹紧力≥50 N，不符合时调整两刀闸板上蝶形弹簧的压缩量。

④刀闸板和接触头接触部分均匀涂抹导电接触脂润滑。

(5)检查管路接头无松动、损坏，软管无脱出、无裂纹、无破损，管路器件损坏时更换，如图 4-2-20 所示。

图 4-2-20　高压隔离开关管路和连接器检修

四、司机控制器检修与维护

1. 司机控制器一级修

检查司机控制器无损伤、卡滞、脱挡，安装无松动。试验各挡位应无卡滞、流畅，试验完毕后将手柄置于 0 位。

2. 司机控制器二级修

(1)司机控制器的铭牌及标识符号应齐全、完整、清晰、正确。

(2)司机控制器各部件应清扫干净，绝缘性能良好，对外连接插座连接正确，零部件齐全完整。

(3)各紧固件齐全，紧固状态良好。

(4)接地点线缆及紧固件状态良好。

(5)手柄在各个挡位之间应转动灵活，无机械卡滞现象。手柄在牵引区自复位灵活，可在牵引 0 位保持。

(6)目视检查配线状态无异常。

(7)将左右撑杆恢复并固定，台面下压后锁紧。

3. 司机控制器高级修

司机室控制器高级修采用分解修方式，检查其外观状态，并对其内部的转动零件进行润滑，具体内容如下：

(1)清洁司机控制器表面，各零部件完整(不易观察位置用反光镜观察)，紧固状态良好。

(2)控制手柄转动灵活，无停滞。

(3)所有的转动部分及齿轮啮合处涂抹润滑脂，如图 4-2-21 所示。

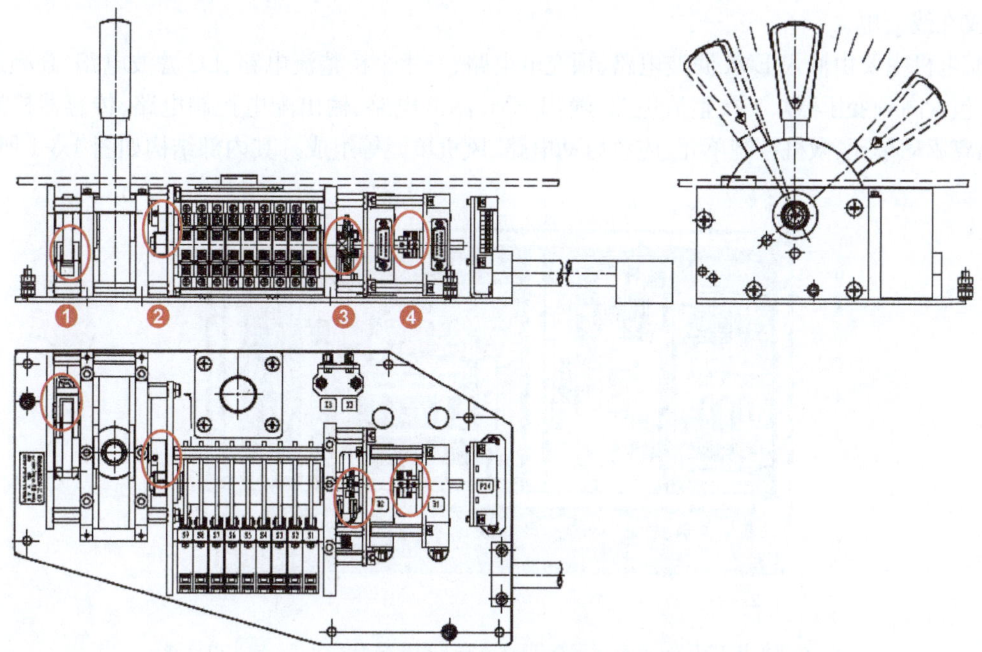

图 4-2-21　司机室控制器润滑位置示意图

涂抹方法：手柄向前极限位置（牵引加速最大位置），在图 4-2-25 圈示位置涂抹润滑油脂，均匀涂抹在红圈位置可触及零件转动部分的啮合表面。部位 1 为扇形定位轮与定位滚轮的啮合表面，部位 2 为齿轮齿型表面，部位 3 为圆形转动定位凸轮与定位滚轮啮合表面、十字滑块（铜合金）与左右零件接触缝隙，部位 4 为十字滑块（铜合金）与左右零件接触缝隙。手柄再向后极限位置（EB 位），重复上述操作。润滑脂涂抹均匀，在涂抹十字滑块处时，润滑脂不能涂抹到编码器轴上。

润滑脂涂抹完成后，扳动手柄从前极限位置（牵引加速最大位置）到向后极限位置（EB 位）3 个周期，确保润滑脂啮合表面充分润滑。

任务三　辅助供电装置检修与维护

任务描述

高速动车组辅助供电装置由两个独立的系统组成，每个系统包含辅助变流器、充电机、蓄电池等。通过本任务学习，熟悉充电机和蓄电池的基本构成与原理，掌握充电机和蓄电池的一级修、二级修、高级修的方法与步骤。

知识链接

1. 充电机

充电机从辅助逆变器输出的三相 AC 380 V 取电，经过整流、降压和滤波后输出 DC 110 V，为控制系统、照明、影视广播、逆变电源等辅助负载设备提供电源。同时，充电机与蓄电池一对一完成在线充电。

充电机主要由输入 EMI 滤波电路、预充电电路、三相全桥整流电路、LC 滤波电路、高频逆变电路（包含高频变压器）、二次整流电路、输出 EMI 滤波电路、输出配电控制电路、传感器检测电路、隔离驱动单元、微机控制单元、应急启动电路、风机单元等组成。其内部结构如图 4-3-1 所示。

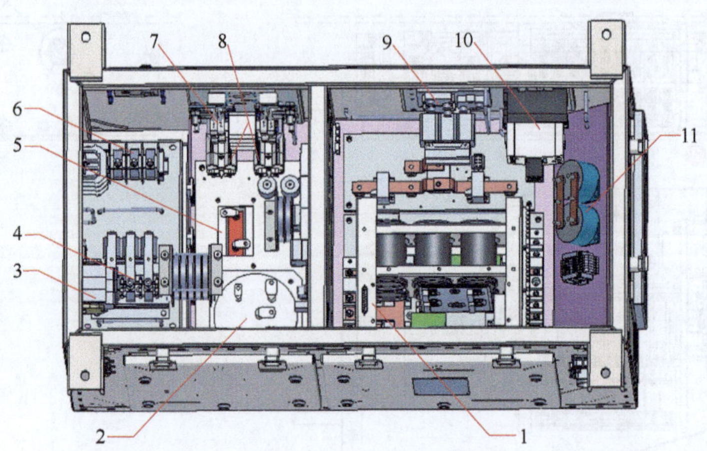

1—功率模块 PM；2—高频变压器 T1；4—输入接线端子 XT1；5—输出电抗器；
6—输出接线端子 XT2；7—输出侧熔断器；8—输出接触器；9—预充电电阻；10—主接触器 Q3；11—隔直电容。

图 4-3-1　充电机内部结构

充电机的主电路拓扑由三相不可控整流桥和移相全桥 DC/DC 变换器组成，充电机的额定输入电压为 AC 380 V/50 Hz，额定输出功率为 28 kW。辅助变流器输出的三相电作为充电机的输入，在功率模块内部经过不控整流、直流滤波得到直流电，再经过移相全桥 DC/DC 变换输出可控的直流电压。

功率模块检测到输入三相电符合充电机启动条件后，闭合预充电接触器，当直流支撑电容电压达到预定电压值时闭合主接触器，后级的移相全桥 DC/DC 变换电路开始工作，直流电经过全桥逆变变为高频交流电，经高频变压器传递到变压器的副边，变压器副边的交流电经全波整流后变为脉动的直流电，再经 LC 滤波之后，最终输出稳定的直流电压。

2. 碱性蓄电池

蓄电池为动车组的辅助电源设备，为列车控制设备、网络系统等负载提供 DC 110 V 电源。此外，当列车在无网压时，蓄电池能够使列车应急通风至少大于 90 min，其余应急用电如应急照明、应急显示、维修用电、通信及其控制等辅助设备在 120 min 时间内保持运行。

蓄电池箱系统由 LPH190A 单体电池构成的 DC 110 V 蓄电池组、蓄电池箱、汇流排、绝缘子、连接器等电气件组成，如图 4-3-2 所示。其中蓄电池箱主要由箱体、箱门、电池台车组成。

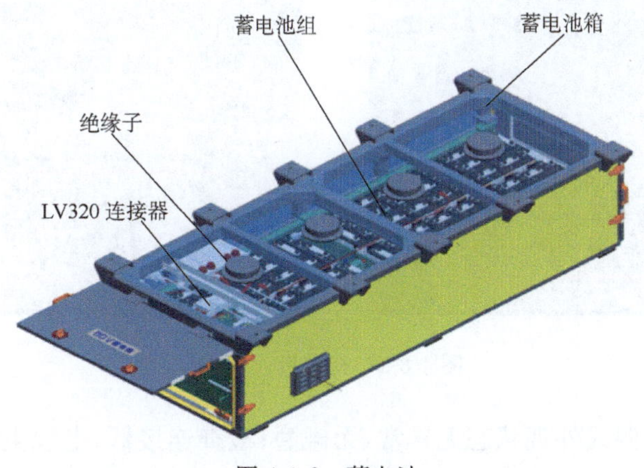

图 4-3-2　蓄电池

任务实施

一、充电机检修与维护

1. 充电机一级修

充电机一级修，没有检修内容。

2. 充电机二级修

(1)确认无电后，拆卸充电机处对应的裙板和底板，并对充电机及其裙板和底板进行清理。

(2)外观正常，充电机(图 4-3-3)吊脚及吊装螺栓无裂纹，充电机吊脚焊缝无裂纹、开焊，吊装螺栓齐全、无锈蚀，安装紧固；箱体表面无锈蚀，箱体变形时调修、补漆。

图 4-3-3　充电机

(3)检查通风口格栅;使用吸尘器清洁通风口格栅,如图 4-3-4 所示。

图 4-3-4　充电机通风口

(4)检查充电机电源线外观状态无异常,无碰磨;检查连接器、电线电缆卡箍、接地线等状态良好。

(5)安装充电机对应的裙板和底板,紧固到位,确认安装状态良好。通电后,在车下设备位置处确认设备风机运转正常,无异音。

(6)对充电机及裙板和底板进行恢复。

3. 充电机高级修

(1)清洁充电机内、外部可触及的部件,各部件外观良好,安装牢固。箱体表面油漆不良时补漆,吊耳及吊耳焊缝目视检查无裂纹。铆钉铆接状态良好,脱落、松动、腐蚀时修复或更新。拆卸过的紧固件更新。

(2)箱体内、外可视部位配线无损伤、龟裂、碰磨,接线无松动,端子、接线柱安装牢固,无损伤、锈蚀、异常变色。各连接器安装牢固,无影响功能的损伤、锈蚀,连接器密封圈无龟裂、破损,插针无缩针、变形、烧损、松动等。

(3)功率模块及散热器表面清洁,电路板、二极管、电容等各部件状态良好,安装牢固;功率模块进行功能测试合格。

(4)风机更新。清洁并检查进气栅、进气口、出气口、空气通道及散热片,安装良好,无严重机械损伤。

(5)输出接触器表面清洁,无击穿、变形,接线部位无变形、烧损、松动、异常变色等不良现象。输出接触器进行动作试验合格。

(6)箱体密封性良好,箱体拆卸部位的密封条更新,箱门锁闭机构功能正常。

二、蓄电池检修与维护

1. 蓄电池一级修

蓄电池在一级修过程中没有检修内容。

2. 蓄电池二级修

(1)碱性蓄电池检修

①清洁蓄电池表面。用气枪或湿布进行除尘,禁止使用金属物、水及有机溶剂清理。清洁时不得打开蓄电池液口栓盖。

②目视检查蓄电池外观、连接板(线)是否有损坏、腐蚀及漏液现象。如出现损坏情况时要进行修补或替换。如出现腐蚀,清理干净并涂抹凡士林或防锈油。如出现轻微漏液现象时,及时进行清除,同一位置多次出现漏液或单次漏液量较大时请查找原因,如电槽或是盖口出现裂纹时请更换电池,蓄电池组连接示意如图 4-3-5 所示。

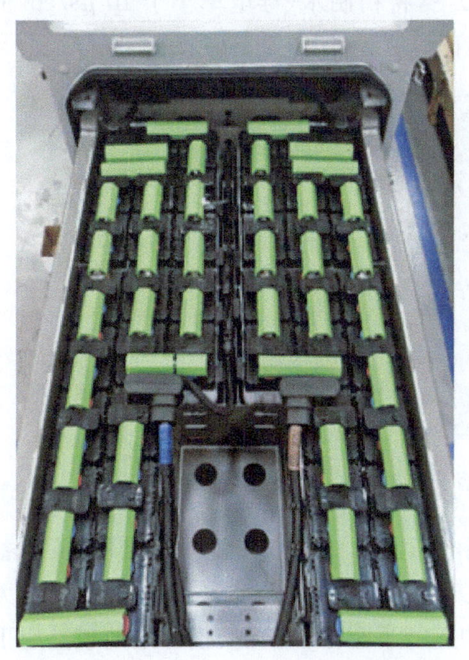

图 4-3-5　蓄电池组连接

③检查蓄电池连接板(线)、紧固件无松动,如有松动现象请使用扭力扳手紧固。蓄电池连接板(线)防松示意如图 4-3-6 所示。

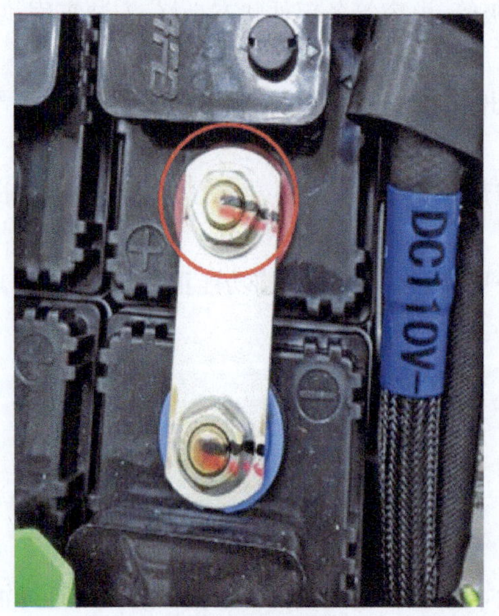

(a) 连接板防松标记

(b) 连接线防松标记

图 4-3-6　蓄电池连接板(线)防松示意

④蓄电池检查：

a. 目视检查确认电槽内电液面(可视范围内)是否在标准范围。接近最低液面线(LOWER LEVEL)的情况(最低液面线＋20 mm)下，将精制水(导电率小于 10 μs/cm 的纯水，5.8＜pH＜8.6)添加到(UPPER LEVEL)的液面线位置，如图 4-3-7 所示。

图 4-3-7　碱性蓄电池液位示意

b. 使用电压表直流挡位，测量蓄电池组开路电压及单体电压并记录测量值，要求蓄电池组总电压不低于 102 V，单体蓄电池电压应大于 1.28 V/节，且单体间的电压差不大于 0.02 V/节。如电压有出入时，将电压明显异常的进行下车维护，更换损坏电池或整组下车进行容量测试。

⑤NTC 温度传感器检测

将万用表两表笔(电阻挡)放在 LV320 连接器辅助触点处测量(两孔不分正负)NTC 电阻

值，记录测量的电阻值，将此电阻值对应温度值，具体温度对比见不同厂家电池技术文件，与当时环境温度相比较，要求误差在±3 ℃之内，超出该标准，需更换。

(2)锂电池检修

①检查蓄电池清洁度。清洁单体电池、螺栓、连接器和绳索眼等处污物，使用清洁布清除在维护工作过程中溢出的所有液体。

（注意：必要时可使用清水冲洗蓄电池箱体，但不得使用溶剂和钢丝刷清洁电池组。）

②检查蓄电池组部件无损坏，并清洁蓄电池箱导轨。

③检查蓄电池接线柱上的螺栓和螺母安装牢固。

④在连接元件和绳索眼上涂抹薄薄的一层中性凡士林或防腐蚀油。

⑤检查蓄电池箱外观无变形，安装螺栓无丢失、标记无错位。

⑥检查蓄电池箱输入电缆无破损、抗磨，防护罩安装牢固、无变形。

⑦通过电池管理系统上位机监控蓄电池的各状态数据，查看总电压是否在 67.5～121.5 V 范围内，单体电压是否在 1.5～2.7 V 范围内，温度监测值是否与当时环境温度值基本一致。

3. 蓄电池高级修

(1)碱性电池

①清洁表面，电解液密度符合要求，电解液液面不得高于最高液面标志线，且在最高液面标志线以下 20 mm 范围内；电解液液面低于最低液面线时蓄电池更新。

②蓄电池外观良好，无漏液腐蚀，电槽、电槽盖裂纹、破损、变形、烧伤时更新，液口栓盖无破损、堵塞。

③测量蓄电池的单体电压、同一蓄电池箱内蓄电池的单体电压相差符合相关要求。

④连接螺栓、连接线、端子表面清洁，无松动、异常变色、烧损、腐蚀。

⑤电压异常、电解液泄漏时更换电池，充放电时电池温度大于 50 ℃时更换电池。

⑥蓄电池组的性能检测合格。

⑦测量蓄电池温度传感器电阻值，实测电阻值对应的温度与环境温度偏差超过 3 ℃时修复或更新。

(2)锂电池

①单体电池开路电压测试合格。

②电池组表面无损坏、脏污、漏液；总电压测试、绝缘电阻测试合格。

③电池管理系统(BMS)安装牢固，连接器无损坏、松动；测量精度合格。测试温度传感器附近温度，读取上位机上 BMS 检测的该传感器温度值，计算 BMS 温度检测精度，应在±2 ℃范围内。

④清洁并检查断路器、接触器、高低压连接器、分流器、熔断器、铜排、线束等电气部件，无松动、脱落现象，紧固件安装牢固，无影响功能的损伤，导电部位无过热氧化。断路器、接触器动作流畅无卡滞。

项目评价

考核评价表

姓名		班级		学号				
学习领域				成绩				
项点	观测点	评价人	分值	得分			计分项	项点得分
				任务一	任务二	任务三		
自我行为规范	自觉守时行为	教师	50				A	K1=(A+B)×30% A、B为各任务的平均分
	自觉按规章操作	团队	50				B	
学习过程考核	发现问题分析问题 积极主动解决问题	教师	100				C	K2=C×30% C为各任务的平均分
学习结果考核	实际操作技能	团队	50				D	K3=(D+E)×20% D、E为各任务的平均分
	日常课业完成	教师	50				E	
生活行为考核	节约能源爱护环境	团队	100				F	K4=F×20% F为各任务的平均分
合计(K=K1+K2+K3+K4)								

巩固与练习

学生工作单

工作单	高速动车组牵引及电气装置检修与维护		
目标	1. 了解牵引电机、牵引变压器的基本结构组成。 2. 理解牵引电机、牵引变压器的工作原理。 3. 掌握牵引电机、牵引变压器的一、二级修及高级修的基本内容和流程。		
班级		姓名	
学习小组		工作时间	

【知识认知】

1. 高速动车组牵引系统主要组成有_________________，其作用是_________________。
2. 牵引电机的组成有_________________。
3. 司机室控制器主要组成有_________________。
4. 高速动车组辅助供电装置包括_________________。
5. 写出牵引变压器的基本结构。

6. 写出受电弓结构。

【能力训练】

1. 完成牵引电机二级修中电机轴承润滑操作并记录流程。
2. 完成受电弓一级修中气囊检修和碳滑板检修并记录流程。

项目五　高速动车组空调通风及卫生装置检修

学习目标

1. 知识目标

(1)了解空调系统的组成及作用。

(2)了解便器和电热水器的结构。

(3)理解空调系统的工作原理。

(4)理解便器的工作原理。

(5)掌握空调系统各级别检修的内容和流程。

(6)掌握便器各级别检修的内容和流程。

2. 能力目标

(1)能完成空调系统各级别的检修任务。

(2)能完成便器的各级别的检修任务。

(3)能完成电热水器各级别的检修任务。

3. 素质目标

(1)树立学生“安全第一”思想,养成“遵守安全规程,保证安全作业”的良好习惯。

(2)培养学生“安全大于一切、责任重于泰山、听从统一指挥”的职业素质。

任务一　空调系统检修维护

任务描述

高速动车组空调通风系统主要包括客室空调机组、废排装置、压力波保护装置等。通过学习本任务,熟悉空调系统检修维护的基本组成与各组成部分的作用,掌握高速动车组空调系统的一级修、二级修、高级修的方法与步骤。

知识链接

1. 客室空调机组

客室空调机组主要由压缩机、蒸发风机、冷凝风机、冷凝器、干燥过滤器、视液镜、液管电磁阀、蒸发器、热力膨胀阀、电加热器、压差控制器、混合风滤网、混合箱等部件构成,如图 5-1-1 所示。

(1)压缩机(图 5-1-2)

压缩机吸入来自蒸发器的低压低温气体并对其压缩,从而将其转化为高温高压气体,进入冷凝器开始制冷循环。

图 5-1-1　客室空调机组

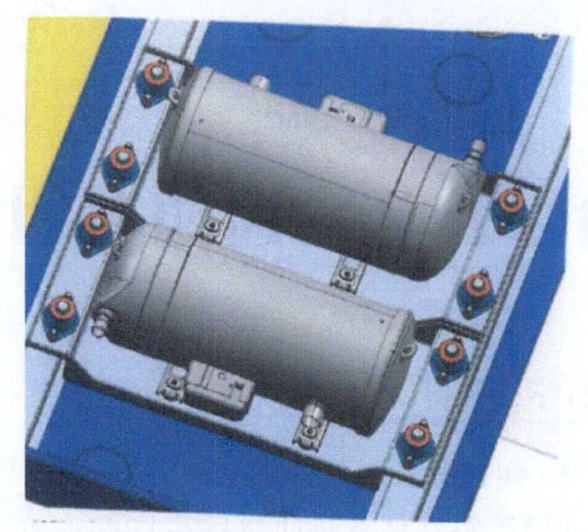
图 5-1-2　压缩机

(2)冷凝器(图 5-1-3)

每个制冷回路有一套冷凝器,高温高压气体从压缩机出来后,到达冷凝器,其热量在其通过换热器时散发到空气中,达到气体冷凝的作用。

(3)冷凝风机(图 5-1-4)

为获得换热器热交换表面更好的分配,来自外部的空气由两台风扇经冷凝器导入。

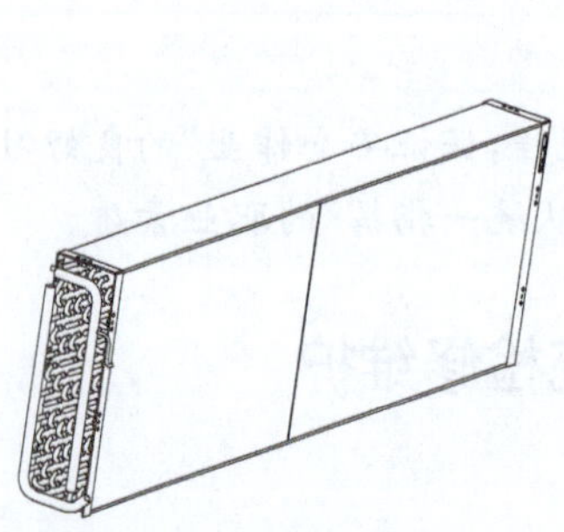
图 5-1-3　冷凝器

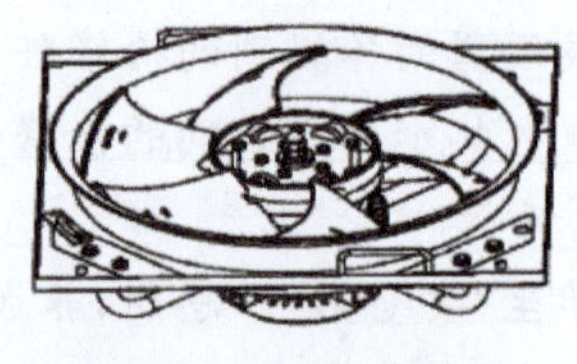

图 5-1-4　冷凝风机

(4)干燥过滤器(图 5-1-5)

干燥过滤器的用途是截留可能存在于管道系统中任何固体微粒(污垢、锈或焊接微粒等),而且它还必须截留可能阻塞制冷剂回路的水分和酸。

图 5-1-5　干燥过滤器

(5)视液镜(图 5-1-6)

视液镜位于液管上干燥过滤器出口下游,其基本功能是通过对水分变化敏感的变色元件显示系统中的湿度水平;当指示器显示深黄色时,即意味着系统中水分过量,需要更换过滤器。

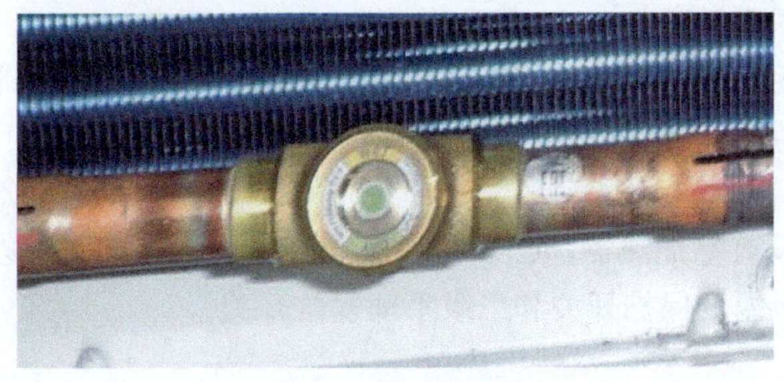

图 5-1-6　视液镜

(6)液管电磁阀(图 5-1-7)

客室空调机组中包括两个位于膨胀阀上游的电磁阀,各电磁阀含有一个线圈,当其通电时即可控制电磁阀体正常闭合和开启。

图 5-1-7　液管电磁阀

(7)旁通电磁阀(图 5-1-8)

旁通电磁阀安装在压缩机的旁通管路中,将来自压缩机的热气体注入热力膨胀阀和蒸发器,它们可调节压缩机容量,以使其与蒸发器充注量相适应。

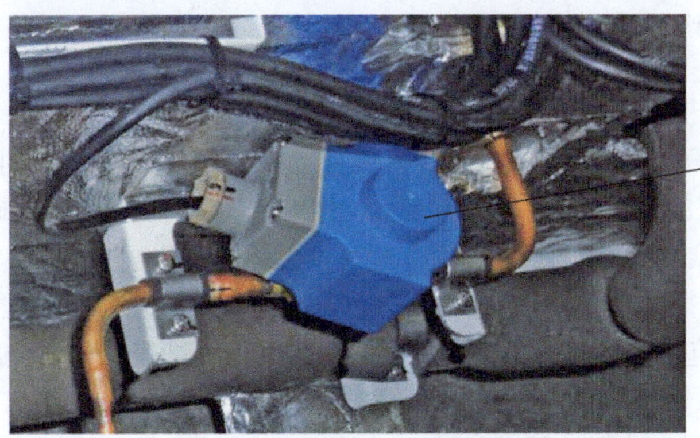

图 5-1-8　旁通电磁阀

(8)蒸发器

蒸发器型式为铜管铝翅片,制冷剂在管内循环,当其蒸发时铝片和铜管即被冷却,在此处循环的空气也被冷却,然后被吹入车厢。

(9)热力膨胀阀(图 5-1-9)

热力膨胀阀的作用是允许液体以适当的量进入换热器,以便制冷剂在出口处适当蒸发。同时,它还可确保制冷系统的高压和低压侧保持足够的压差。

(10)电加热器

客室空调机组内设有电加热器,安装在蒸发器与蒸发风机之间,可以提供 30 kW 加热功率。电加热器设有一级温度保护开关和二级手动复位开关。

(11)蒸发风机

经处理的空气由左、右两台蒸发风机吸入并送入车厢。

(12)压差控制器(图 5-1-10)

压差控制器是监控蒸发风机差压的安全装置,每台废排装置中设置有 1 个相同的压差控制器。

图 5-1-9　热力膨胀阀

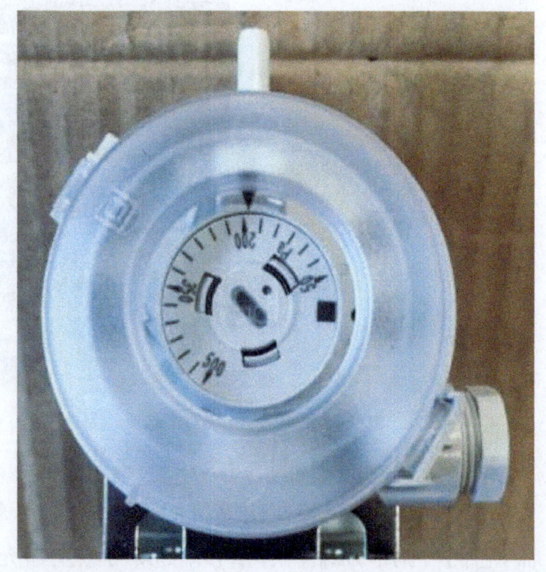

图 5-1-10　压差控制器

(13)混合风滤网(图 5-1-11)

客室空调机组底部设有 3 个混合风滤网,滤料过滤等级为 G3,主要作用是防止灰尘、污垢或固定微粒(蒸发器和风道的污染物)进入蒸发腔,并卡在换热器翅片之间,阻碍空气流通,从而引起系统故障,如吸气压力下降、车厢空气调节效率降低等。

(14)混合箱

每节车厢的空调系统包含两个混合箱,均安装在空调机组的进气口处,通过连接风道与客室空调机组连接。

每个混合箱设有一个压力波保护阀,用于调节新鲜空气流,同时可以避免列车经过隧道时产生的强烈压力变化传入车内,引起乘客不适。

(15)减压阀(图 5-1-12)

减压阀设置在客室空调机组进气口处,当列车上提供的压缩空气压力过高时,可以对压缩空气进行降压,输出压力稳定的压缩空气,保证下游的气动元件不受损害。废排装置内设有 1 个同样的减压阀。

图 5-1-11　混合风滤网

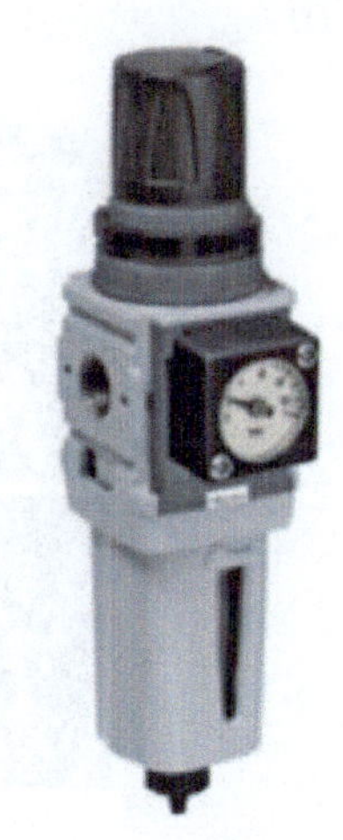

图 5-1-12　减压阀

2. 废排装置(图 5-1-13)

废排装置为单元式,通过安装座与车体刚性连接,吊挂安装在车下设备舱中,车厢地板中设有风道,通过车下风道与废排装置连接,废排装置工作时将车内废气排出车外。废排装置主要由风机、电动风阀、废排风阀以及紧急通风逆变器等部件构成。

废排装置工作时,风机运转,将车内废气排出车外。每台废排装置设有 1 台电动风阀,安装在废排装置的出风口处,通过调节电动风阀开度调节废排风量,与新风量相适应。

紧急通风逆变器(图 5-1-14)设置在废排装置底部,在车辆空调交流电源失效的情况下,紧急通风逆变器接收到来自空调控制系统的启动信号后,将蓄电池提供的 DC 110 V 电压逆变成废排风机需要的三相交流电压,提供给废排装置,以维持车辆客室通风。

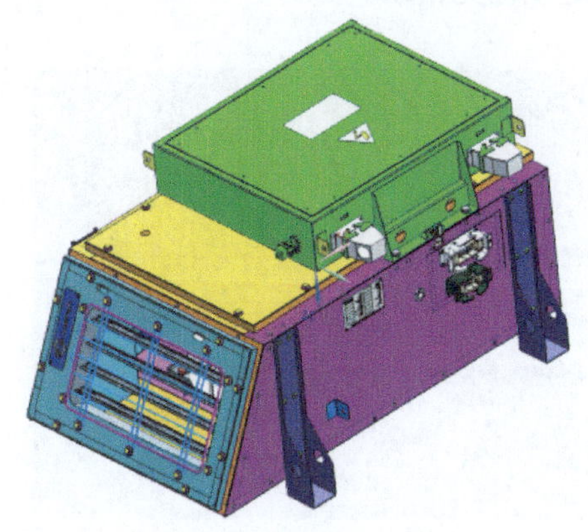

图 5-1-13　废排装置

图 5-1-14　紧急通风逆变器

为实现客室及司机室内的压力控制，每辆车安装 1 台压力波控制装置(图 5-1-15)，用于检测压力波动，并发出压力波保护信号，控制新风口及废排风口的压力波阀关闭。

气动压力波保护阀分别设置在空调机组新风口处和废排装置内，压力波控制器安装在司机室内，通过压力波控制器及空调控制系统对压力波保护阀门进行开/关控制，实现对车内压力舒适性控制。

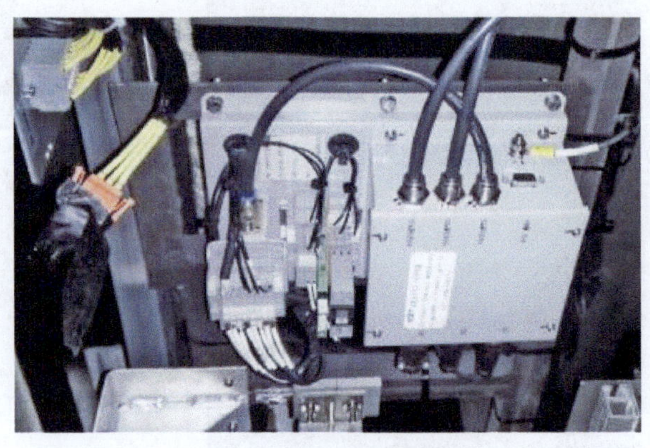

图 5-1-15　压力波控制装置

任务实施

1. 空调系统一级修

动车组空调安装在每节车车顶上，每次一级修需要检查空调室外机安装螺栓和格栅状态，具体工作内容如下：

(1)检查空调机组(图 5-1-16)室外机盖板及格栅安装正常，固定螺栓无松动。

(2)检查空调机组上防滑带无起边、翘起等现象。

(3)冷凝风机扇叶无破损，清除冷凝进风、出风格栅上的落叶等杂物，拨动扇叶，风机转动无卡滞、异音。

(4)检查空调机组新风格栅(图 5-1-17)无脏堵，固定螺栓无松动。

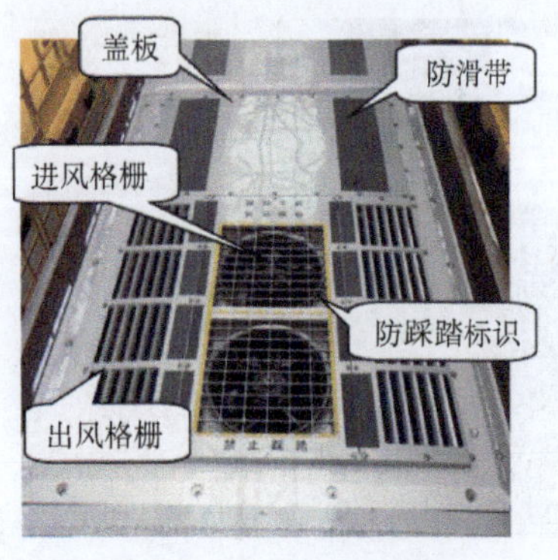

图 5-1-16　空调机组

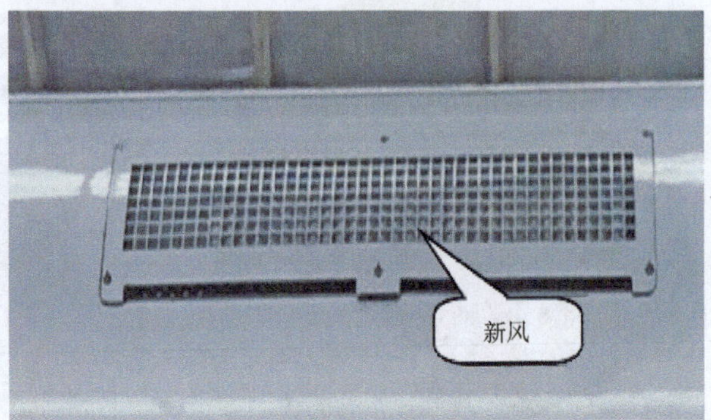

图 5-1-17　空调机组新风格栅

2. 空调系统二级修

动车组空调系统二级修过程中清洗客室滤网，检查、清洗空调机组室外机冷凝器、蒸发器，并对空调电路进行绝缘测试。空调系统检修分为无电检修和通电试验两个工序，首先进行无电检修，在进行无电检修作业前需断开客室空调电源，具体检修内容如下：

(1)客室空调滤网清洗

①打开客室通道空调机组下方顶板，然后拆下空调检修门，如图 5-1-18 所示。

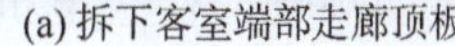

(a) 拆下客室端部走廊顶板

(b) 拆下空调机组检修门

(c) 检修门一字形快开锁示意

图 5-1-18　空调检查门拆卸

②手伸入检修口，松开滤网挡板的蝶形螺母(滤网挡板翻向右侧)，将滤网挡板处的那块滤网框向上拉出，将两侧的滤网框向中间移动，并取出，如图 5-1-19 所示。

图 5-1-19　空调滤网拆卸

③如果在过滤网上只积有干燥灰垢，小心敲出过滤网材料，清除残余粒屑。如果在过滤网上积有黏性物、脂类、湿物质可以进行如下操作：

a. 使用软羽毛刷蘸肥皂水清理过滤网。

b. 肥皂水清洗滤网之后，将滤网在水上漂洗，并风干。

④滤网清洗干净后，将滤网装入滤网安装框，将其推入空调安装位置，恢复安装检修盖板和客室端部顶板。

(2)客室空调室外机检修

①目视检查空调机组箱体外观及安装状态良好，固定螺栓防松标记清晰、无松动，安装状态良好，如有松动或损坏，进行修理或更换，并打防松标记。

②使用高压水枪不同角度冲洗新风格栅，清洗格栅和雨水分离器上的积尘。

③检查视液镜表面无污物；视液镜显示为深黄色时，需更新制冷剂或干燥过滤器，如图 5-1-20 所示。

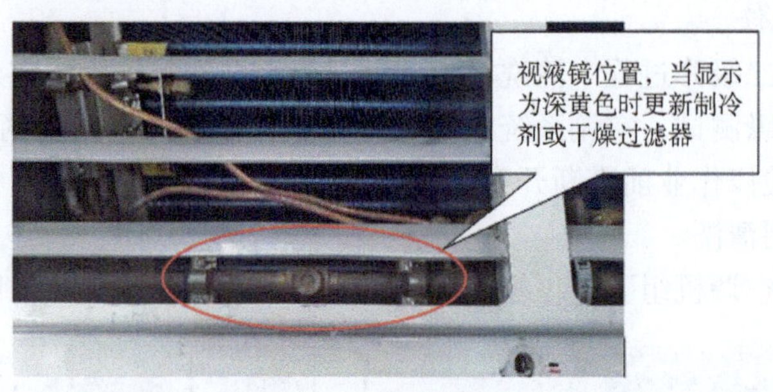

图 5-1-20 视液镜位置

④拆卸冷凝器格栅的螺栓，拆除冷凝器格栅，用压缩空气清洗冷凝器。直接使空气喷射到气流的反方向或从吸附大量灰尘的一面吸尘，如果特别脏，使用软毛刷蘸上柔性洗涤剂并轻轻洗刷。检查冷凝风机连接器的接线是否接紧，检查冷凝风机的接地螺栓及安装螺栓是否松动，若有需拧紧。清除风机叶轮、蜗壳表面灰尘，手动转动风机，风机转动顺畅。检查电机轴承、叶片是否松动，若有需紧固。冷凝器格栅及冷凝器如图 5-1-21 所示。

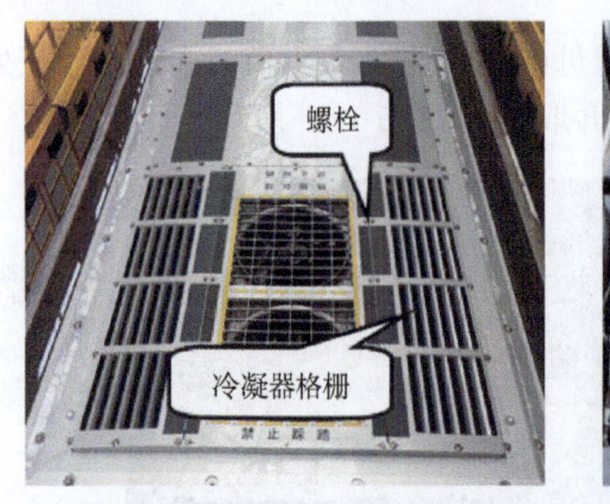

图 5-1-21 冷凝器格栅及冷凝器

⑤旋松冷凝风机托盘，支起风机托盘，清扫压缩机表面污垢、灰尘，对压缩机的安装螺栓进行检查，若松动，请拧紧；对压缩机的接线盒进行状态检查，若破损，请修复。检查制冷系统是否有泄漏，如有需充注制冷剂，如图 5-1-22 所示。

图 5-1-22 冷凝风机及压缩机检修

⑥打开空调机组的蒸发腔盖板，取出混合风滤网，用压缩空气清洗蒸发器。直接使空气喷射到气流的反方向，或者从吸附大量灰尘的一面吸尘。如果特别脏，使用软毛刷蘸上柔性洗涤剂并轻轻洗刷。蒸发器清洗完成后，将混合风滤网放置在导轨内，如图 5-1-23 所示。

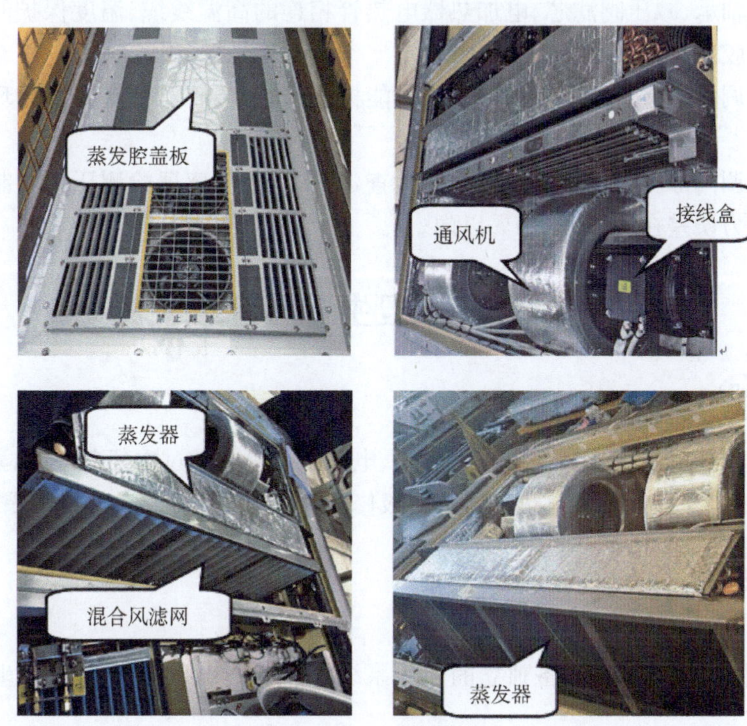

图 5-1-23　蒸发器混合滤网及通风机接线盒

⑦检查电加热管表面是否有杂物，若有用软毛刷清除表面灰尘。打开电加热器的接线盒盒盖，检查接线盒中的所有配线是否接紧，若否，请紧固。检查温度保护组件是否生锈。

⑧打开通风机的接线盒，检查通风机的接线是否接紧。若否，请紧固。检查通风机的安装螺栓是否松动，若有，请拧紧。检查通风机的吸音材是否有破损，若有，请更换。

⑨使用 1 000 V 绝缘电阻表，分别测量压缩机、冷凝风机、电加热器、通风机供电回路对地绝缘电阻，应大于 2 MΩ。

3. 空调系统高级修

客室空调系统三级修为状态修，四级修为分解检修。

(1)三级修

①清洁冷凝腔、蒸发腔，冷凝器、蒸发器，冷凝器、蒸发器管路破损修复或更新，翅片倒伏时修复；蒸发腔盖板隔热层破损时修复。

②蒸发腔盖板及冷凝腔盖板紧固件更新。

③气管路状态良好，无松脱。

④冷凝器风机叶片损坏和变形时更换，叶片旋转方向标识清晰，手动旋转冷凝风机无卡滞。

(2)四级修

①清洁冷凝腔、蒸发腔,各部件安装牢固,无影响功能的损伤、变形。

②制冷管路与其他配件无抗磨现象。

③风机分解检修,检修后动平衡试验,叶片旋转方向清晰,手动旋转叶片无卡滞。

④用于风机轴承、减压阀滤芯、电加热器电热管相连的高温线缆、温度保护开关、气管、拆卸的紧固件和橡胶件更新。

⑤对客室空调内部新风温度传感器进行功能检查,确认传感器检测温度与环境温度误差在±2 ℃以内。

⑥对客室空调内部压力传感器进行功能检查,确认压力传感器检测压力与制冷剂所处环境温度下饱和压力误差在±0.15 MPa 以内。

任务二　给排水卫生装置检修维护

任务描述

高速动车组给排水卫生装置主要包括便器、电热水器等。通过本任务学习,熟悉电热水器的基本构成与原理,掌握便器和电热水器的一级修、二级修、高级修的方法与步骤。

知识链接

1. 便器

动车组采用全封闭车厢,具备独立的卫生系统如图 5-2-1 所示,便器分为坐便器和蹲便器两种。

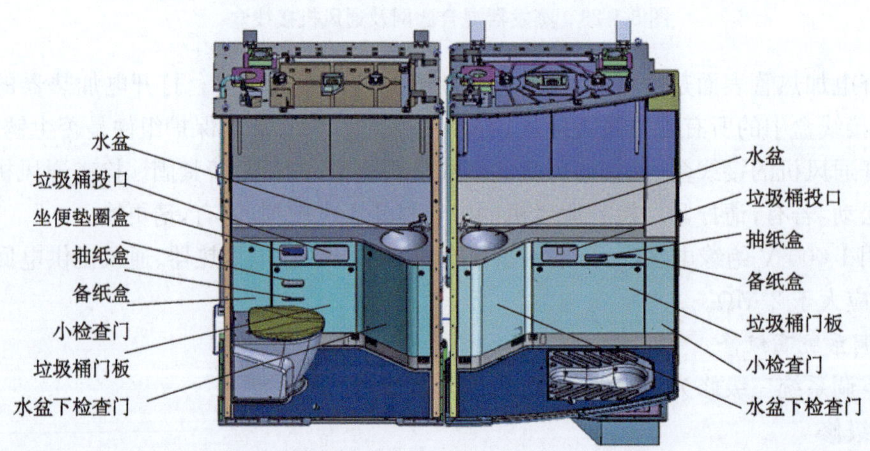

图 5-2-1　动车组卫生间

2. 电热水器

电热水器采用沸腾翻水式原理、电磁加热方式的柜式整体结构。它主要由柜式框架、电控箱、加热元件、加热箱、进水电磁阀、过滤器、排水电磁阀、磁控管等组成,如图 5-2-2 所示。

图 5-2-2　电热水器内部结构

任务实施

一、便器的检修与维护

1. 便器一级修

便器在一级修过程中主要检查气管路和水管路是否有泄漏，固定是否牢靠，具体检修内容如下：

(1)检查卫生间侧墙，检查门内给水，气、水管路无泄漏，接水盘内无积水。

(2)气、水管路固定牢固无松脱，卫生间侧墙检查门锁闭状态良好。水阀、冲洗按钮功能正常。

2. 便器二级修

便器在二级修过程中主要包括清理便器喷嘴，检查便器气控单元管路连接及便器冲洗功能正常，具体检修工作内容如下：

(1)便器喷嘴清理(图 5-2-3)

①坐便器冲便喷嘴清洁

a. 检查冲洗喷嘴无裂损、脏堵。

b. 使用硬质毛刷对坐便器喷嘴进行清洁。

c. 给水卫生系统通电后，按动便器冲洗按钮，进行冲水试验，确认冲洗效果良好。

d. 如喷水角度不正时，需对喷嘴方向进行调节，调节后再次按动便器冲洗按钮，进行冲水试验，确认冲洗效果良好。

②蹲便器冲洗喷嘴清洁

a. 检查冲洗喷嘴无裂损、脏堵。

b. 使用硬质毛刷对蹲便器喷嘴进行清洁。

c. 给水卫生系统通电后，按动便器冲洗按钮，进行冲水试验，确认效果冲洗良好。

d. 如喷水角度不正时，需对喷嘴方向进行调节，调节后再次按动便器冲洗按钮，进行冲水试验，确认冲洗效果良好。

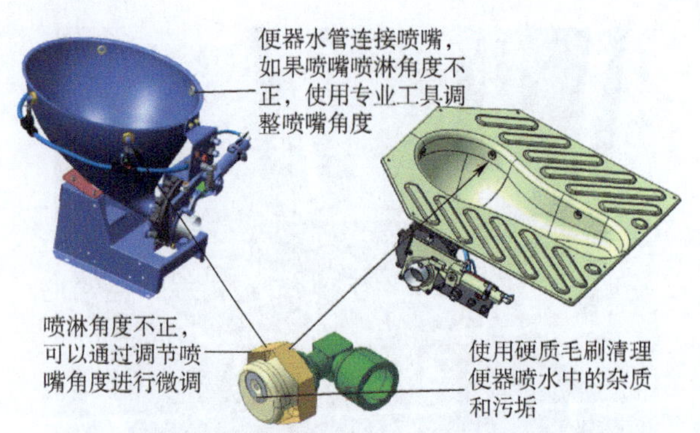

图 5-2-3　坐便器、蹲便器喷嘴清理

(2)便器管路接头检修

①便器软管、电线接头检查

头尾车用四角钥匙打开卫生间坐便器后部通过台检查门，分别检查气动控制单元(图 5-2-4)软管及电磁阀、压力开关、Hose 阀接线，确认接头安装牢固、无松动。

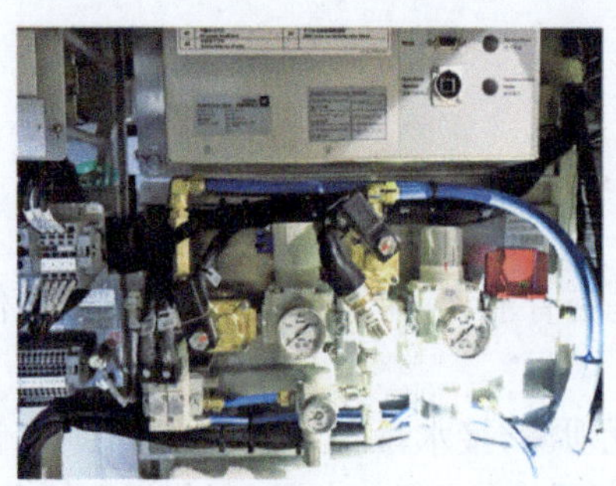

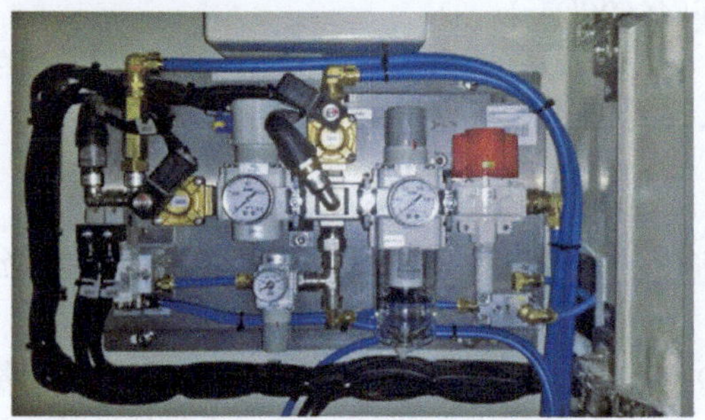

图 5-2-4　便器气动控制单元

中间车用四角钥匙打开蹲式卫生间镜子检查门，检查气动控制单元软管及电磁阀、压力开关、Hose 阀接线，确认接头安装牢固、无松动。

②便器排污管接头检查

头尾车用坐式卫生间：四角钥匙打开坐便器后部通过台检查门，检查便器供风、供水软管接头安装牢固无松动，排污管接头下方连接处地板干燥，无水印。

中间车坐式卫生间：用十字螺丝刀拆下坐便器罩，检查便器供风、供水软管接头安装牢固无松动，排污管接头下方连接处地板干燥，无水印。

中间车蹲式卫生间在车下拆下便器防护箱下部检查盖，检查便器供风、供水软管接头安装牢固无松动，排污管接头下方连接处地板干燥，无水印。

按冲洗按钮进行便器正常冲洗 3 次以上，观察便器与排污管路接口处是否有渗水现象，用纸巾擦拭软管两侧接口处，再次确认无水。如果软管接头有裂纹，需更换该部件。检查完毕后恢复检查门、坐式便器罩、蹲便器防护箱状态。

3. 便器高级修

便器三、四级修主要为状态检修，针对蹲便器、坐便器外观进行检查清洁；检查气管、水管是否破损、泄漏；便器蝶阀是否紧固到位，坐便器盖开合顺畅等内容。具体检修内容如下：

(1)蹲便器检修

①使用无纺白细布和酒精清洁便器表面污物,检查便器表面及内部无裂纹和磕碰损伤。

②检查便盆固定牢固,周边密封胶无损坏,检查冲洗嘴无缺失,如果缺失,重新安装冲洗嘴。

③检查便器连接软管无鼓泡、污物和破损,接头无脱落及脱落趋势,检查管路接头无漏水痕迹。如果存在上述现象更换软管或紧固接头。

④检查蝶阀紧固螺栓无松动,防松标记无错位,存在问题及时紧固螺栓。

⑤上述工作完成后使用纸基胶带将便器排污口封堵,防止异物掉落。

(2)坐便器检修

①使用无纺白细布和酒精清洁便器表面污物,检查便器表面及内部无裂纹和磕碰损伤,如有裂纹则更换便器。

②使用上述方法对玻璃钢罩表面污物进行清洁,检查表面是否存在裂纹。裂纹长度大于20 mm时使用细砂纸打磨平后测量深度大于1 mm。如果裂纹深度大于1 mm,则返厂修复。

③便器罩磕碰面积大于30 mm×30 mm,且深度大于1 mm,则更换便器罩。

④坐便器内部涂层完全脱落面积不大于50 mm×50 mm,重新喷涂涂层进行修复。

⑤检查坐便器盖开合灵活,无卡滞,如果存在卡滞现象,调节盖板轴进行调整。

⑥检查便器连接软管无鼓泡、污物和破损,接头无脱落及脱落趋势,检查管路接头无漏水痕迹。如果存在上述现象更换软管或紧固接头。

⑦检查蝶阀紧固螺栓无松动,防松标记无错位,存在问题及时紧固螺栓。

⑧上述工作完成后使用纸基胶带将便器排污口封堵,防止异物掉落。

二、电热水器检修维护

1. 电热水器一级修

通电状态下,电热开水器内无水,确认电茶炉"电源"和"缺水"指示灯亮,当打开进水阀门进水电磁阀得电,待水箱液位器显示满水位时,缺水灯熄灭。电热开水器开始加热,工作灯亮。检查电热开水器无故障,管路无漏水,接水面板无脏堵,按压解锁按钮然后按压出水按钮,电热开水器出水正常,如图5-2-5所示。

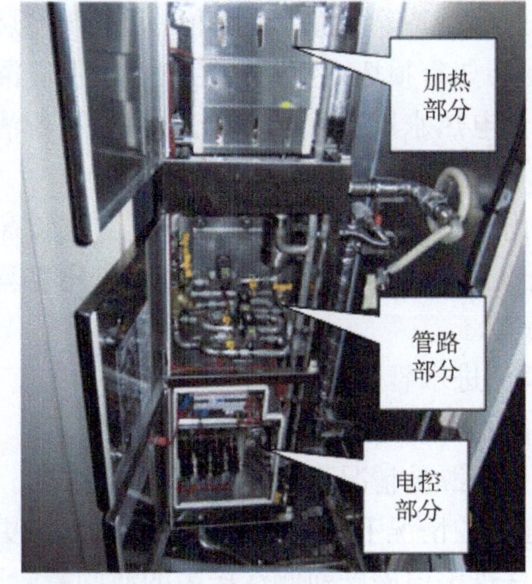

图5-2-5　电热水器

2. 电热水器二级修

电热水器二级修过程中主要检查电热水器是否漏水，并清洗加热腔、净水器密封圈，更换净水器滤芯，清洗进、排水电磁阀前端过滤器及出水嘴节水器，具体检修内容如下：

(1)清理加热腔

①断开电热水器空气开关，手动操作电热水器烧水箱、储水箱排水阀，排空电热水器内部存水。

②打开电热水器上部检查门，将电热水器加热盘及接线插件卸下，取出加热线圈，如图 5-2-6 所示。

③卸下电热水器加热腔前盖及加热腔，如图 5-2-6 所示。

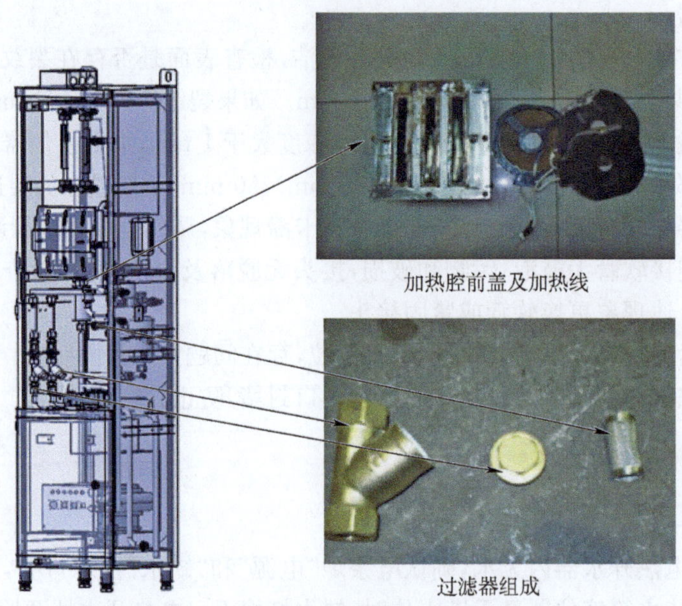

图 5-2-6　电热水器加热腔及过滤器拆解

④用软金属之类的铲子，铲除烧水腔和烧水盒与水接触部分产生的水垢，再用湿布或毛刷将其上面的水垢清除干净，用水冲洗后重新将烧水腔等零部件装好，确保电热水器水箱体可靠密封(密封圈如有损坏则更换)，否则可能引起漏水，影响使用。

⑤打开电热水器过滤器，取出过滤网进行清洗(如有损坏须更换)。

(2)检查出水管路及水龙头

检查出水管路、水龙头是否漏水，若漏水需更换密封垫。使用专用工具拆卸出水嘴节水器，进行清洗，去除杂质，清洗完成后用专用工具复原安装节水器，节水器作用不良时更换，如图 5-2-7 所示。

(3)清洗进水管路

①切断水源。

②在无电源的情况下，进水电磁阀应关闭。如在不通电的情况下，进水电磁阀不能完全关闭，或在通电的情况下，进水阀不能打开，则应更换。

③清洗进水电磁阀前侧活接内的滤网密封圈(滤网不良时更换)。

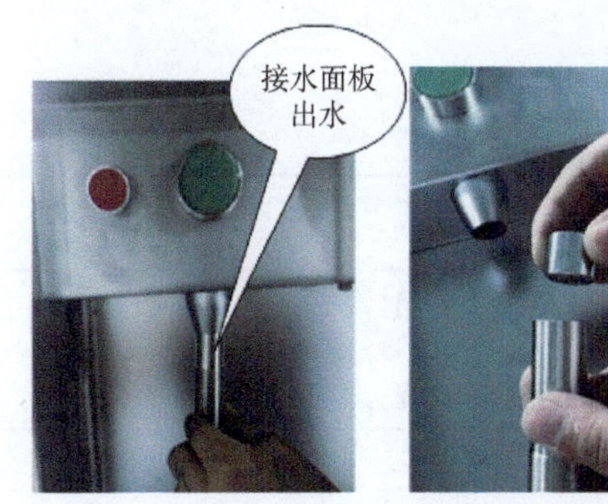

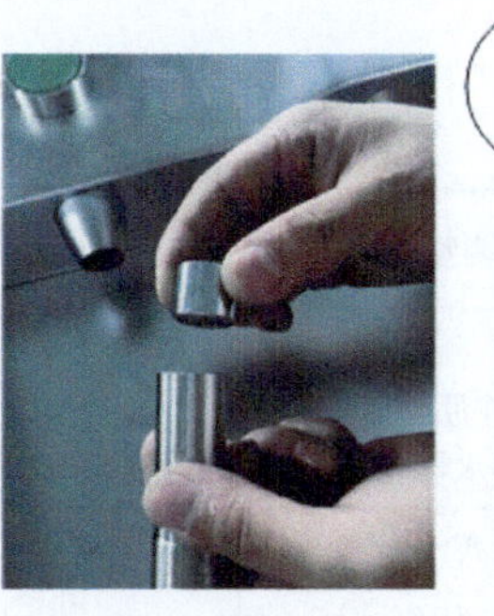
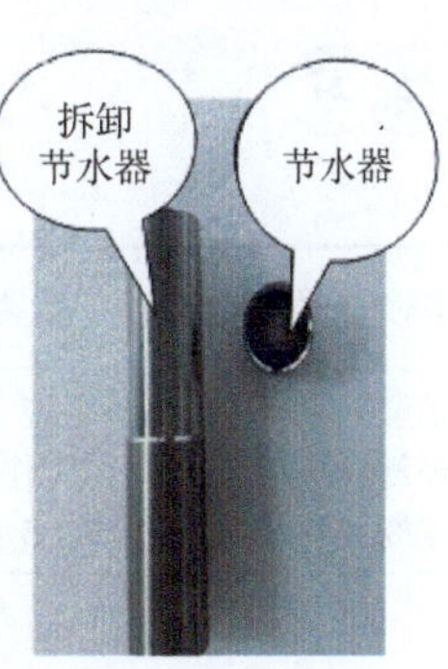

图 5-2-7　电热水器出水嘴节水器拆卸

④用活动扳手拆开净水器的固定活接，拆下净水器罐体，更换净水器滤芯。

(4)清洗排水电磁阀前的过滤器之过滤网

①分别打开烧水箱和储水箱排水阀，放尽存水。

②拆下过滤器的螺塞，取下过滤网清洗(如有损坏必须更换)。

③重新装上过滤网，拧紧螺塞。

④关闭烧水箱和储水箱排水阀。

⑤重新烧水，并检查水龙头有无漏水。

⑥安装好下开水器维修门。

3. 电热水器高级修

电热水器三、四级修与客户商榷进行检修，五级修为分解检修，目前无五级修检修内容。

考核评价表

姓名		班级		学号			
学习领域				成绩			
项点	观测点	评价人	分值	得分		计分项	项点得分
				任务一	任务二		
自我行为规范	自觉守时行为	教师	50			A	K1=(A+B)×30% A、B为各任务的平均分
	自觉按规章操作	团队	50			B	
学习过程考核	发现问题分析问题	教师	100			C	K2=C×30% C为各任务的平均分
	积极主动解决问题						
学习结果考核	实际操作技能	团队	50			D	K3=(D+E)×20% D、E为各任务的平均分
	日常课业完成	教师	50			E	
生活行为考核	节约能源爱护环境	团队	100			F	K4=F×20% F为各任务的平均分
合计(K=K1+K2+K3+K4)							

巩固与练习

学生工作单

<table>
<tr><td>工 作 单</td><td colspan="3">高速动车组空调通风及卫生装置检修</td></tr>
<tr><td>目　　标</td><td colspan="3">1. 了解高速动车组空调系统、便器、电开水器的组成及作用。
2. 理解空调系统、便器的工作原理。
3. 掌握空调系统、便器、电热水器各级别检修的内容和流程。</td></tr>
<tr><td>班　　级</td><td></td><td>姓　　名</td><td></td></tr>
<tr><td>学习小组</td><td></td><td>工作时间</td><td></td></tr>
<tr><td colspan="4">【知识认知】
1. 写出动车组空调系统的基本结构。

2. 陈述电热水器的基本组成。</td></tr>
<tr><td colspan="4">【能力训练】
1. 完成空调系统二级修中空调滤网的清洁操作并记录流程。

2. 完成便器一级修并记录流程。

3. 完成电热水器加热腔清理并记录流程。</td></tr>
</table>

项目六　高速动车组制动系统装置检修

学习目标

1. 知识目标

(1)了解制动系统控制装置的组成。

(2)了解制动系统控制装置的作用。

(3)了解主供风单元的结构组成。

(4)理解主供风单元的工作原理。

(5)掌握制动系统控制单元各级别检修的内容和流程。

(6)掌握主供风单元各级别检修的内容和流程。

2. 能力目标

(1)会合理安排制动系统制动装置的检修项目。

(2)能完成制动系统控制单元各级别检修任务。

(3)能完成主供风单元各级别的检修任务。

3. 素质目标

(1)具有"同心同力、同道同行"的团队协作意识。

(2)培养学生沟通能力、适应能力,引导学生主动爱护环境,保护资源。

任务一　制动控制装置检修

任务描述

高速动车组制动控制装置是指控制动车组施加制动的装置,我国高速动车组采用世界上最先进的电空制动,保障列车在规定的距离内停车,制动方式分常用制动、司机紧急制动、乘客紧急制动,在电空制动失效后,还有备用的自动空气制动,确保制动万无一失。高速动车组制动系统如图 6-1-1 所示。通过学习本任务,熟悉制动控制装置的基本组成与各组成部分的作用,掌握制动控制装置的一级修、二级修、高级修的方法与步骤。

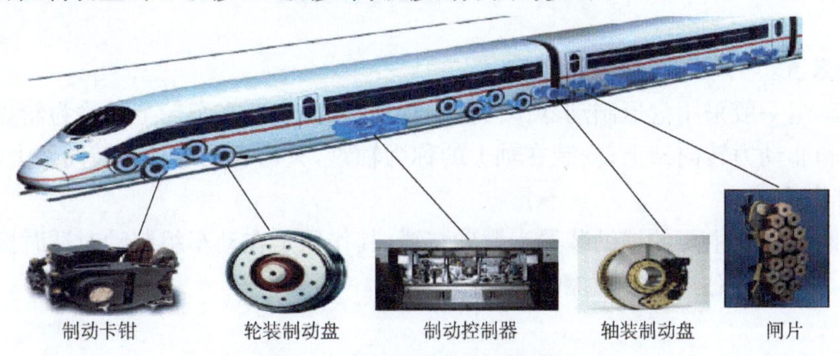

图 6-1-1　高速动车组制动系统

知识链接

制动系统分为制动控制系统、供风系统、基础制动装置和辅助装置，如图 6-1-2 所示。

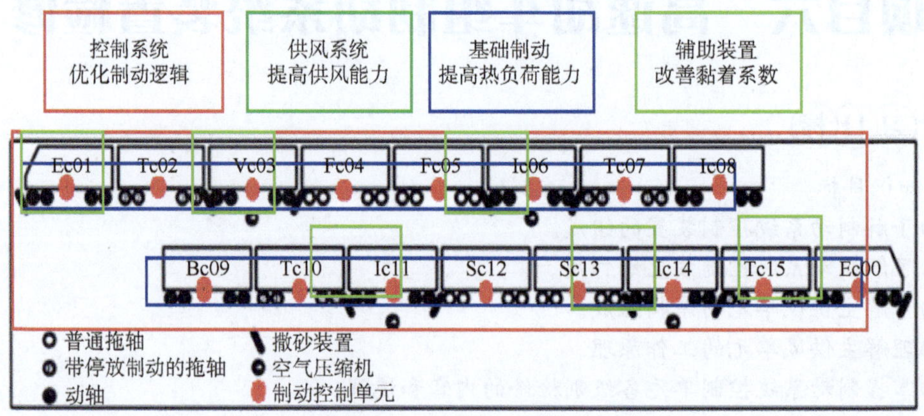

图 6-1-2　制动系统总图

1. 控制系统

控制系统主要是由箱体、制动控制模块、供风及空簧控制模块、压力开关模块、停放控制模块、盖板、电子机械、弯管以及电子控制单元等组成，如图 6-1-3 所示。

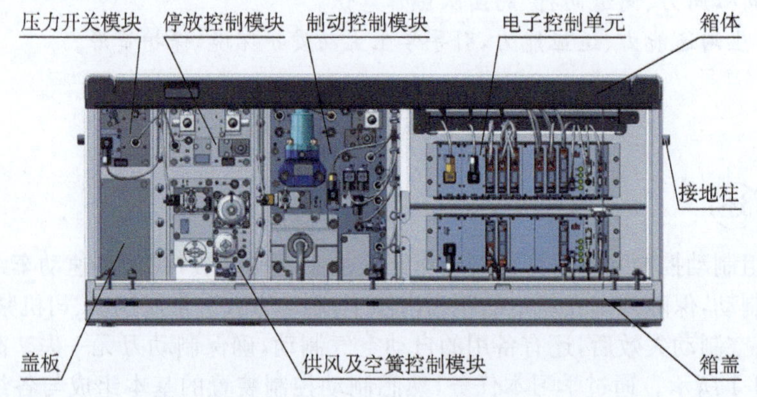

图 6-1-3　控制系统主要构成

2. 制动装置

高速动车组一般采用盘形制动器作为基础制动装置，安装在车轮上的称为轮盘，可安装在动力转向架和非动力转向架上；安装在轴上的称为轴盘，只出现在非动力转向架上。

3. 辅助装置

动车组制动系统主要的辅助装置为撒砂装置，其作用是在动车组制动时适时撒砂，改善轮轨摩擦条件，提高摩擦力，减短摩擦距离。

任务实施

1. 制动控制装置一级修

制动控制装置一级修过程中无检修内容。

2. 制动控制装置二级修

制动控制装置二级修主要对其外观和紧固状态进行检查,并对阀类器件是否泄漏进行检查,具体检修内容如下:

(1)制动控制装置外观检查(图 6-1-4)

制动控制装置吊装螺栓无松动或缺失,制动控制装置及吊架外观无机械损伤、变形、腐蚀或明显的脏污。接地螺栓无松动或缺失。

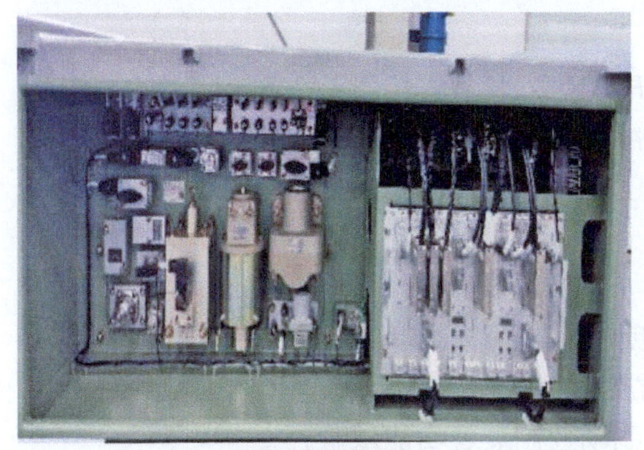

(a) 制动控制装置1

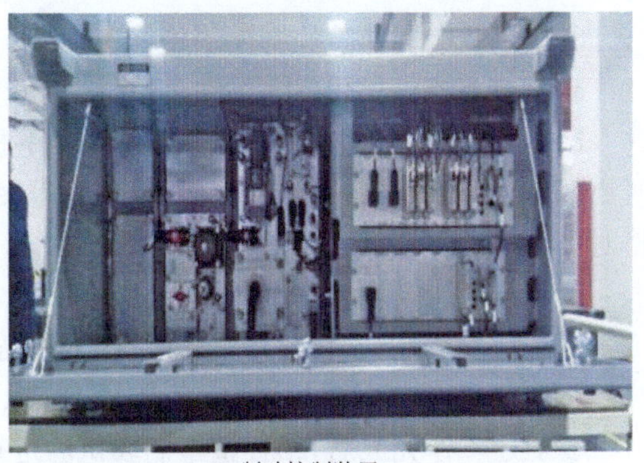

(b) 制动控制装置2

图 6-1-4　制动控制装置(1、2 为不同供应商)

(2)制动控制装置内部元器件检查

①检查翻盖无损伤,转动销、安全绳、密封带和由翻盖至箱体的接地线路的位置正确。

②箱体内紧固元件无松动或缺失。

③制动控制装置内部无明显的脏污或灰尘,各部件无损坏、无变形、无腐蚀。

④制动控制装置内部连接器连接无松动,电线无破损。

⑤阀类、塞门、气压开关、传感器、测试接口等外观及安装状态良好,无漏气声音。

完成上述检修内容后,锁闭制动控制装置箱门,锁闭制动控制装置处裙板,确认箱门及裙板锁全部锁闭。

3. 制动控制装置高级修

制动控制装置在三、四级修过程中,对外观状态进行检修,同时对阀类器件和电子制动控制器件进行检修,具体检修内容如下:

(1)电子制动控制单元(图 6-1-5)

清洁、检查电子制动控制单元,各插接板卡安装状态良好。各电气插头和接线插接牢固、无破损,电缆无破损,各线号清晰,各紧固件状态良好无松动。板卡有变色、腐蚀现象或损坏时更新。

(2)气动控制单元

①制动控制模块,检查各减压阀、压力开关、塞门、压力传感器外观状态,确认各部件安装状态良好。

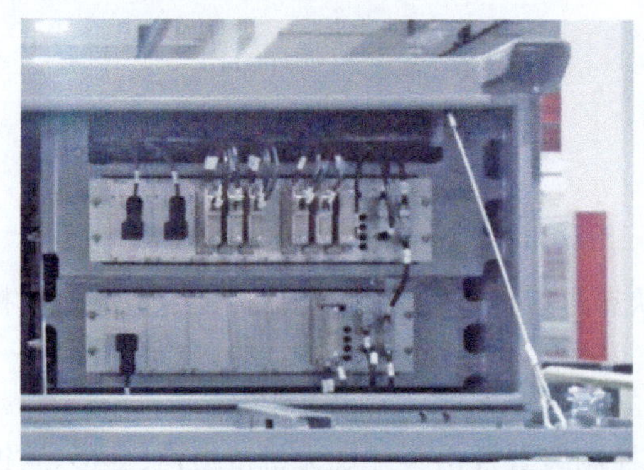
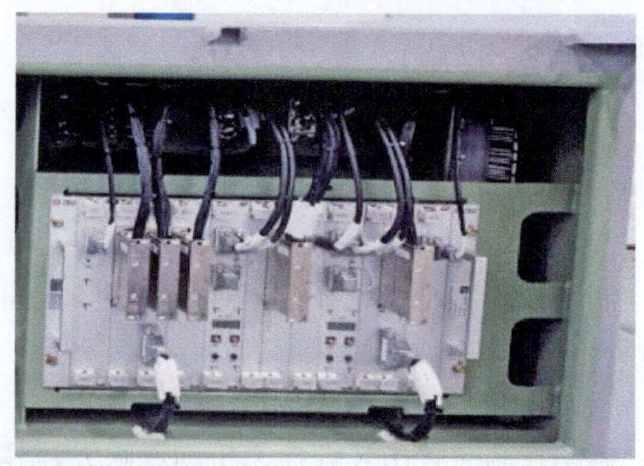

图 6-1-5　电子制动控制单元

②供风及空气弹簧控制模块检修

a. 目视检查该模块各零部件无松动，磕碰等异常现象，检查连接器无松动、过热变色现象。

b. 总风管压力传感器抽取 1 个/列，拆下校准，拆下时需对安装孔及配件做好防护，恢复时更新密封圈，合格后进行功能测试，信号采集压力值与实测压力值偏差不大于 15 kPa，不合格时更新。

③停放控制模块检修

a. 清洁并目视检查压力传感器、减压阀状态良好，确认其安装状态正常，紧固螺栓无松动。

b. 检查连接器，连接器配件齐全、无松动、过热变色等异常情况。

④上述工作完成后，结合整车制动试验进行制动控制装置功能试验。

任务二　供风系统检修

任务描述

供风系统是专为车辆供风的设备，其主要功能是为动车组车辆制动系统及其他用风设备提供干燥洁净的压缩空气。供风系统分为主供风单元、辅助供风单元和制动管路。通过本任务学习，熟悉主供风单元的基本构成与原理，掌握主供风单元的一级修、二级修、高级修的方法与步骤。

知识链接

1. 供风系统的结构

供风系统主要由螺杆式空气压缩机组（电机、压缩机、冷却器、空滤器、油过滤器等）、空气净化处理单元（双塔干燥器、微油过滤器）、管路组件（单向阀、安全阀、压力控制器等）、电控单元及托架组成，如图 6-2-1 所示。

2. 供风系统的工作原理

螺杆式空气压缩机通过电机带动压缩机旋转，空气通过空气滤清器被吸气压缩后经中间部件如冷却器、过滤器和干燥器从排气口排出。冷却风扇直接由电动机驱动，供给足够的空气用于冷却压缩机润滑油和压缩空气。经过冷却后的压缩空气，进入干燥器前的温度比环境温度高 15 ℃以下（环境温度在 0～+50 ℃）。在空气净化处理单元中，空气首先经过分离和过滤，然后由干燥塔内的干燥剂进行干燥。

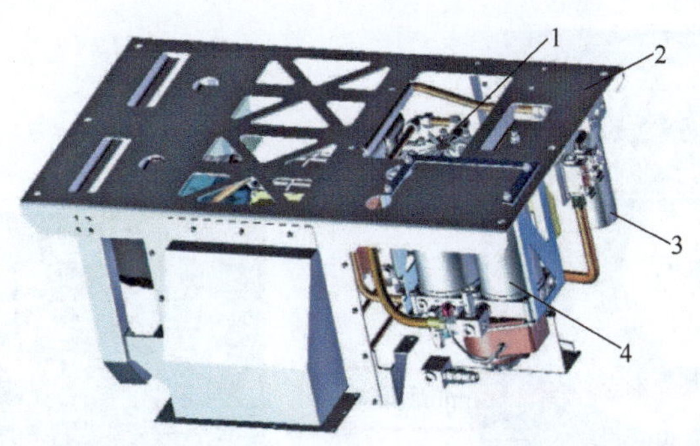

1—空气压缩机组;2—框架;3—微油过滤器;4—干燥器。

图 6-2-1 供风系统主要构成

任务实施

1. 供风系统一级修

供风系统在一级修过程中没有检修内容。

2. 供风系统二级修

供风系统二级修主要进行外观状态检查、油位检查、冷却器清洁,具体检修内容如下:

(1)供风系统外观状态检查(图 6-2-2)

①检查外表无变形、裂痕、严重腐蚀等缺陷,压缩空气管路、紧固件、气路接口和电气接口连接无松动或缺失,电气连接器无过热变色。

②检查吊装紧固元件无松动或缺失。

③检查主供风单元润滑油无泄漏。

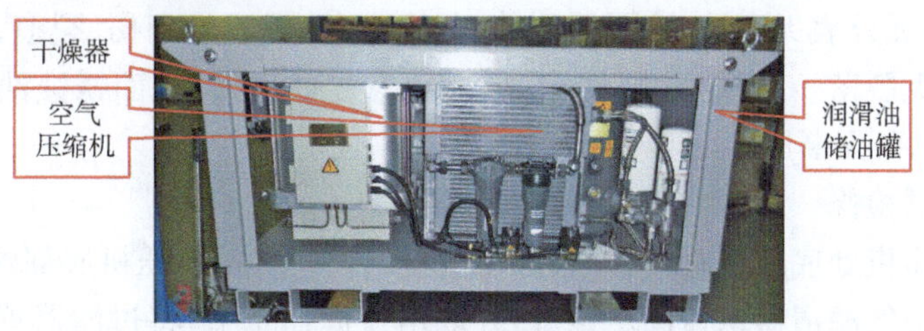

图 6-2-2 供风系统(阿特拉斯)

(2)主空压机油位及真空度指示器检查

油位检查需在压缩机组停止运转,还在暖机状态时进行,为了保证这一点,压缩机在检查前必须至少运转 5 min,停机 5~20 min,再进行油位检查。

打开供风系统处裙板,通过油位镜观察油位,若油位低于油位镜下限,或到下一个检修周期有可能会低于油位下限,则需要补加油。补油时,油位达到油位视孔 min 和 max 之间,靠近油位镜上限位置,如图 6-2-3 所示。

(3)供风系统空压机冷却器清洁(图 6-2-4)

打开供风系统处裙板和底板,确保能接触到冷却器。清洁冷却器叶片及冷却器内部,用压缩空气从冷却器进风口吹扫。当严重脏污时,可使用毛刷对冷却器出风口所在平面进行清理,注意不要破坏冷却器周边的密封海绵条。清理完毕后恢复拆除的裙板和地板。

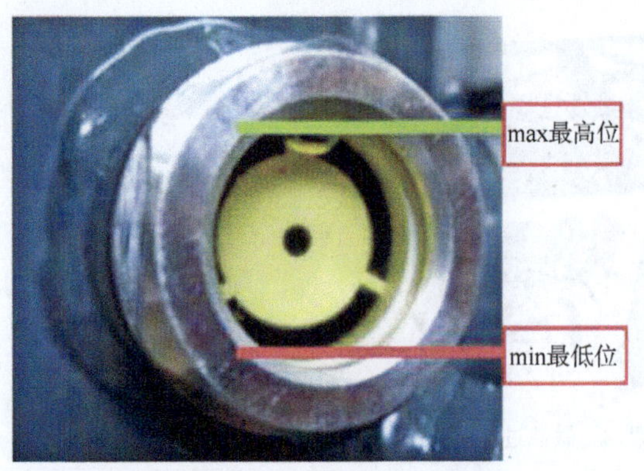

图 6-2-3　油位镜油位显示

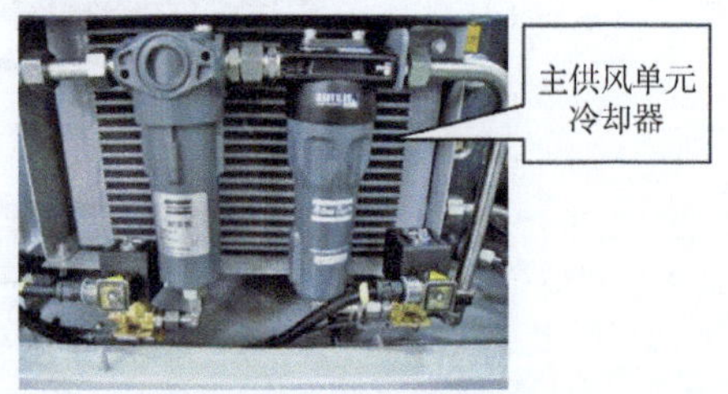

图 6-2-4　供风单元冷却器

3. 供风系统高级修

供风系统高级修过程中，主要是对供风系统外观状态进行检查，清洁空气滤清器更换滤芯，更换油气分离器、润滑油及油过滤器，检查空气管路和油管路，更换润滑油和密封圈，检查安全阀。

(1)供风系统整体清洁及检查

①清洁表面。目视检查供风单元，外观无明显变形，无影响功能的损伤；吊架无裂纹，表面油漆破损漏出底漆处补漆。目视检查可视区域内的紧固件无松动、缺失，防松标记清晰无错位，悬吊连接件、支架和框架等吊装件无裂纹。检查主供风单元内所有管路连接紧固，防松标记清晰、无错位。检查弹性支撑橡胶元件，可视范围内有单条长度大于 8 mm 的裂纹时更换。

②各电气接口状态良好，位置须正确，连接紧固无松动，无过热变色，绝缘层无破损。电缆无老化、过热变色，固定牢固，电缆线号齐全清晰。

③检查供风单元外表无腐蚀、涂覆层剥落、起泡现象，无明显划伤、裂痕、毛刺等结构缺陷或机械损坏，油漆无脱落。有损伤、裂纹、变形时须修复或更换，表面锈蚀油漆脱落处补漆处理。安全绳状态良好，无断股。

(2)空气滤清器检修

①对裙板、空压机处底板、空压机外表面卫生进行清理。从空压机底部的空滤维护孔清理过滤器罩壳，旋松空气滤清器罩盖固定螺母，并取出过滤器罩盖，将过滤器罩盖内灰尘用抹布清除干净，如图 6-2-5 所示。

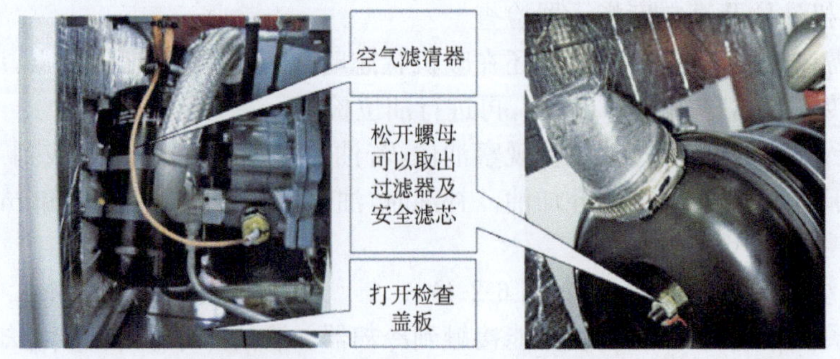

图 6-2-5　主供风单元空气滤清器

②旋松空气滤清器固定螺母，更换新的空气滤清器安全滤芯，将安全滤芯外的过滤器外表面的杂物清理干净。可以用水或者中性清洗溶剂兑水进行清洗，清洗时避免使用酸性/碱性清洗剂。使用中性溶剂清洗时，清洗之后要用水清洗干净，不能采用高压喷水，清洗后不能立即吹气（让其自然晾干）；也可以用压缩空气吹气清扫，采用压缩空气吹气清扫（从空滤内芯往空滤芯外表吹）时，风压要求在 685 kPa 以下，空气喷嘴和滤芯材料的距离要超过 50 mm 以上。（注意：请按照现场作业条件选择采用水清洗或吹气清扫）。清理完毕后恢复安装空气过滤器各零部件，如图 6-2-6 所示。进行滤芯清洁后，检查空气滤清器的真空指示器，按下复位按钮使真空指示器重新回到起始位置。

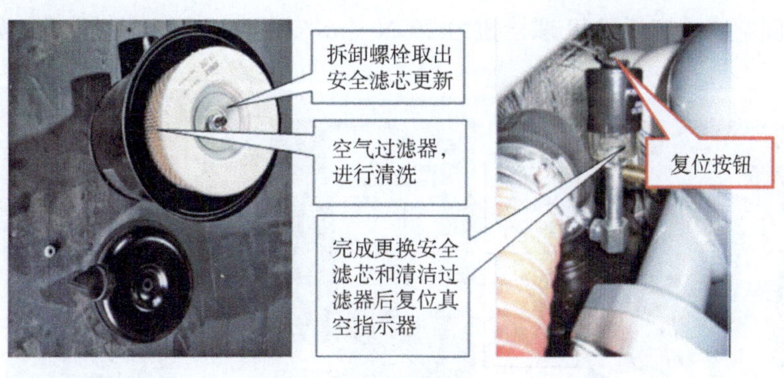

图 6-2-6　空气滤清器检修

(3)更换润滑油（图 6-2-7）

①更换润滑油前，确认主供风单元润滑油箱冷却后，才能开始更换润滑油工作。首先打开主供风单元放油口，旋开油分离器下方的堵头，用容器收集油分离器中的润滑油。更换放油堵头及密封圈，涂抹乐泰 577，旋上放油堵头，并紧固。

②添加新品润滑油至油位镜上限，添加新润滑油量约为 6 L，旋紧加油塞，并紧固。放置一段时间，缓慢旋松加油塞，排净油气筒内压力，重新补油至油位镜上限；重新旋紧加油塞。启动主供风单元一段时间，停机后静置几分钟，检查油位应否符合要求（调整油位在 min～max 之间）。

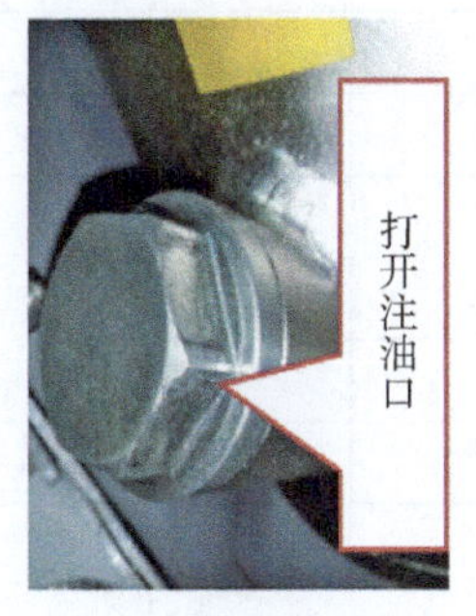

图 6-2-7　供风单元注油示意图

(4)更换油分离器(图 6-2-8)

①对裙板、空压机处底板、空压机外表面卫生进行清理。旋松空气滤清器进气软管卡箍,取下进气软管。

②拆除空滤滤清器固定板。收集 4 个防尘堵、螺栓、垫片。泄放主供风单元油分桶内可能存在的内压,把加油塞缓慢旋松,等待 5 min,直至压缩机油分桶内的压力泄放。让压缩机组冷却。

③用皮带扳手逆时针旋开油分离器清洁油分离器底座。新油分离器垫圈抹涂上薄薄一层压缩机油。

④将油分离器旋入直至垫圈接触到底座,然后用手旋紧(约半圈),紧固空滤进气管卡箍,拧紧即可。紧固空滤固定板,M8 螺栓扭力 20 N·m,安装防尘堵。检查油位,如果需要则加满油。

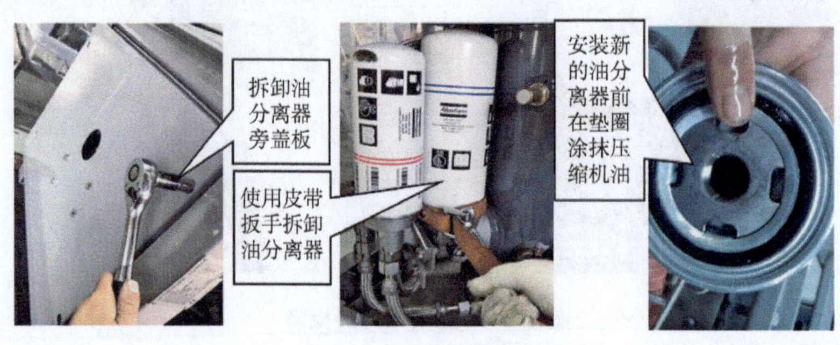

图 6-2-8　油分离器更换

项目评价

考核评价表

姓名		班级		学　号			
学习领域				成　绩			
项点	观　测　点	评价人	分值	得　分		计分项	项点得分
				任务一	任务二		
自我行为规范	自觉守时行为	教师	50			A	K1=(A+B)×30% A、B 为各任务的平均分
	自觉按规章操作	团队	50			B	
学习过程考核	发现问题分析问题 积极主动解决问题	教师	100			C	K2=C×30% C 为各任务的平均分
学习结果考核	实际操作技能	团队	50			D	K3=(D+E)×20% D、E 为各任务的平均分
	日常课业完成	教师	50			E	
生活行为考核	节约能源爱护环境	团队	100			F	K4=F×20% F 为各任务的平均分
合计(K=K1+K2+K3+K4)							

学生工作单

<table>
<tr><td>工 作 单</td><td colspan="3">高速动车组制动系统装置检修</td></tr>
<tr><td>目　　标</td><td colspan="3">1. 了解制动系统控制装置、供风系统的组成。
2. 了解基础制动装置、供风装置的基本结构。
3. 能完成制动系统控制单元、供风装置各级别检修任务。</td></tr>
<tr><td>班　　级</td><td></td><td>姓　　名</td><td></td></tr>
<tr><td>学习小组</td><td></td><td>工作时间</td><td></td></tr>
<tr><td colspan="4">【知识认知】
1. 写出动车组基础制动装置的结构组成。

2. 简述动车组制动控制装置的组成。

3. 简述主供风装置的结构组成。</td></tr>
<tr><td colspan="4">【能力训练】
1. 完成制动盘一级修检修操作并记录流程。

2. 完成主供风单元油分离器的更换操作并记录流程。</td></tr>
</table>

项目七　高速动车组信息及监控系统检修与维护

学习目标

1. 知识目标

(1)了解旅客信息系统、娱乐系统、无线信息传输系统的基本组成。

(2)了解旅客信息系统、娱乐系统、无线信息传输系统的作用。

(3)了解监控报警系统装置的组成。

(4)理解监控报警系统的工作原理。

(5)掌握旅客信息系统、娱乐系统、无线信息传输系统各级别检修的内容和流程。

(6)掌握监控警报系统各级别检修的内容和流程。

2. 能力目标

(1)能完成旅客信息系统各级别检修任务。

(2)能完成娱乐系统、无线信息传输系统各级别的检修任务。

(3)能完成烟火报警系统各级别的检修任务。

(4)能完成视频监控系统各级别的检修任务。

3. 素质目标

(1)培养信息搜索、查阅资料获取知识的能力。

(2)具有较强的社会责任感和安全生产意识。

任务一　信息系统检修维护

任务描述

信息系统具体包含旅客信息系统和无线信息传输系统。旅客信息系统主要作用是通过显示器为旅客提供列车信息、实现列车内部广播通信以及为旅客提供娱乐功能。无线信息传输系统用于对列车运行状态与报警信息进行采集处理、数据存储和无线发送，将信号传输给监控系统，监控列车状态保证行车安全。通过学习本任务，熟悉旅客信息系统和娱乐系统、无线信息传输系统的基本组成与各组成部分的作用，掌握旅客信息系统、娱乐系统及无线信息传输系统的一级修、二级修、高级修的方法与步骤。

知识链接

一、旅客信息系统

旅客信息系统从功能上可分为三个子系统：分别是信息显示子系统、通告与通信子系统、音视频娱乐子系统。

1. 信息显示子系统(图 7-1-1)

显示信息经由系统的数据通信总线，从系统控制器传输到车辆控制器，最终在对应车辆的内外显示器上显示。

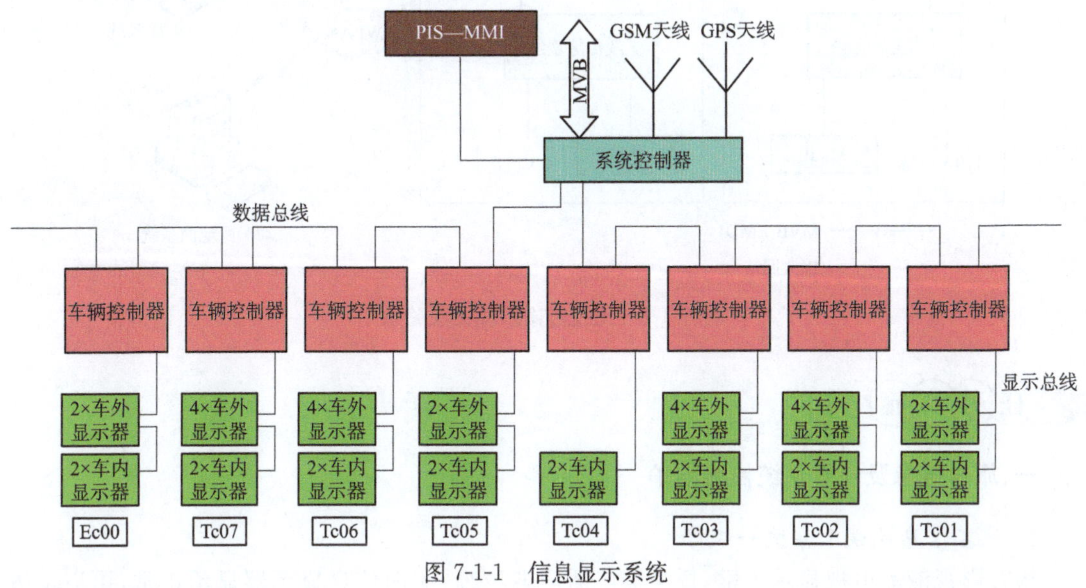

图 7-1-1　信息显示系统

2. 通告与通信子系统

每节车厢的内部通信子系统由一个固定的内部通信站和一个装备着扬声器的车辆控制器组成，扬声器安装于整个列车内，均接收同样的信号。

内部通信站连接进 UIC 总线中，在一列或两列连挂的动车组中的任何一个内部通信站，可通过扬声器向旅客进行广播，呼叫驾驶员或乘务员室。

3. 音视频娱乐子系统

一等座椅、二等座椅的音视频节目采用集中式播放，通过音视频控制面板进行操作，能够进行选择播放列表，调节音量，即时插播等操作，音视频节目通过各车厢控制器解码输出，视频信号通过客室区车载电视公告播出，一等车音频通过座椅音频娱乐单元播出，二等车音频通过车顶扬声器系统播出。

二、无线信息传输系统

无线传输系统包含机箱和组合天线。组合天线可以实现 WLAN、4G、北斗/GPS 的共用，采用流线型设计，天线的防护层采用非金属、防雨水渗透材料。

无线传输系统能采集、分析和处理列车网络控制系统的数据信息，实现数据的本地存储，并将动车组运行状态信息及故障信息实时发送至地面。在动车组进检修库时，将无线传输系统本地记录的数据通过 WLAN 自动下载至动车运用所的地面服务器；结合装有 PTU 软件的笔记本电脑，可以通过以太网实现对无线传输系统本地数据的下载，以及对列车运行数据的实时监控。无线传输系统关联关系如图 7-1-2 所示。

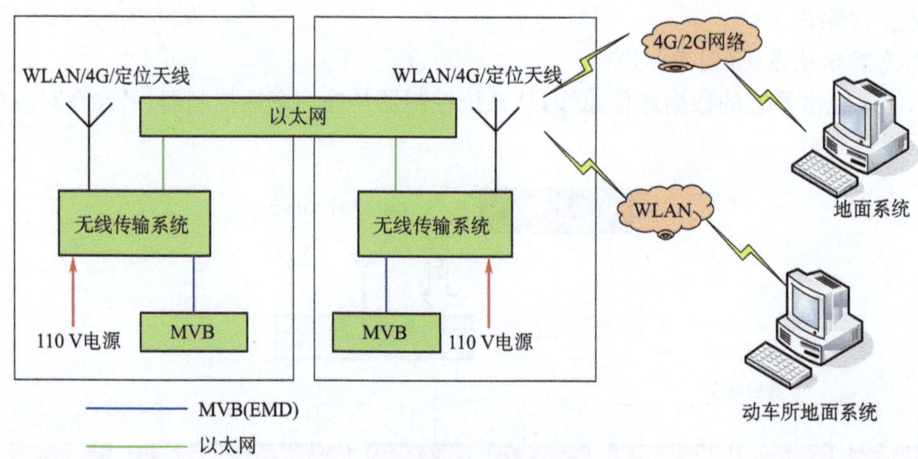

图 7-1-2　无线传输系统关联关系

任务实施

一、旅客信息及娱乐系统检修维护

1. 旅客信息及娱乐系统一级修

检查影视液晶电视显示正常，扬声器广播声音清晰，车内信息显示器显示正常，可以清晰辨认显示内容，如图 7-1-3 所示。

图 7-1-3　液晶电视、乘客信息显示器

2. 旅客信息及娱乐系统二级修

旅客信息系统及娱乐系统检修维护在二级修过程中，检查影视广播系统功能，并清洁相关零部件，具体检修内容如下：

(1)旅客信息系统及娱乐系统外观状态检查

检查 LCD 电视、VEU 显示器、操作屏、服务呼叫显示屏、联络电话、座椅接收器、音量调节器等设备表面应清洁，无灰尘和污垢。清洁时要使用拧干的柔软光滑的布。擦拭时使用同样的布，最好是棉布。如需使用清洁溶液，则需使用中性溶液进行清洁。

(2)旅客信息系统及娱乐系统功能测试

①在正常通电状态下，使旅客信息系统操作屏进入测试模式，进行扬声器自检测试，各扬声器应清晰、无杂音，测试完成后关闭测试模式。

②在正常通电状态下，使旅客信息系统操作屏进入测试模式，进行内、外显自检测试，各

内、外信息显示器应显示清晰，无断线、暗点、滚动连续，无拖影、闪烁现象，测试完成后关闭测试模式。

③在正常通电状态下，检查各LCD电视视频播放功能，要求画面清晰、流畅、无卡顿现象，车厢扬声器播放视频伴音，音视频保持同步。

④在正常通电状态下，检查服务呼叫功能，按下VIP座椅上的服务呼叫按钮，服务呼叫显示器显示服务呼叫请求，并发出提示音，发起请求的位置信息显示在“详情”栏中；点击“确认”按钮，可以清空服务呼叫，也可在本地清空服务呼叫，如图7-1-4所示。

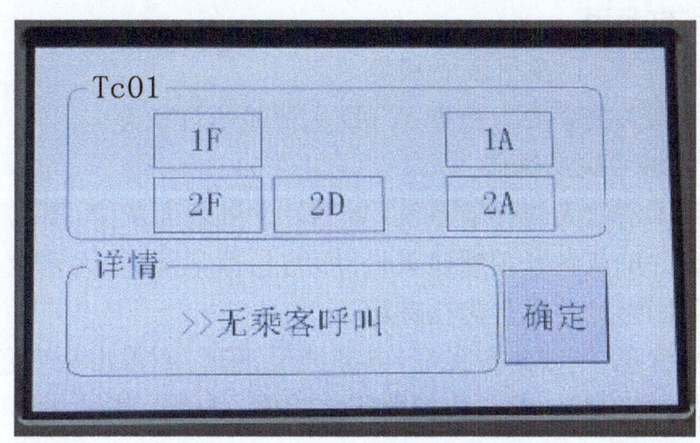

图7-1-4　VEU座椅呼叫显示屏

⑤摘下客室联络电话手柄，按下“广播”按键，进行全列车人工广播测试，此时各客室扬声器播放应清晰正确，联络电话对应的监听扬声器应静音；摘下客室联络电话手柄，按下“对讲”键，输入被呼叫方的设备ID，按“确认”键，进入对讲模式；被呼叫端客室的联络电话响起振铃，乘务员摘下手柄，进行对讲，对讲声音清晰响亮，无杂音，无啸叫。

3. 旅客信息及娱乐系统高级修

旅客信息及娱乐系统三、四级检修主要对其外观状态进行检修，结合整列出厂试验，测试旅客信息系统及娱乐系统功能。

(1)旅客信息系统各设备安装牢固，功能正常，可视部位防松标记清晰、无错位；各设备可视部位电线电缆无破损、断线，线号清晰；连接器安装牢固，外壳无破损。

(2)对车内、外信息显示器外罩、客室电视外表、车载电话外表、旅客信息系统和娱乐系统操作屏外表、旅客信息系统控制器和娱乐系统控制器外表、VIP服务呼叫显示器外表、乘客紧急报警器外表、各车车厢控制器外表和其他旅客信息系统设备外表清洁。

(3)旅客信息系统各设备显示屏幕无裂纹，屏幕显示正常，操作功能正常。

(4)扬声器音频输出正常，车载电话广播对讲功能正常，VIP服务呼叫功能正常，乘客紧急报警器功能正常。

二、列车无线信息传输系统装置检修维护

1. 列车无线信息传输系统一级修

列车无线信息传输系统在动车组一级修过程中无检修内容。

2. 列车无线信息传输系统二级修

列车无线信息传输系统(WTD)在二级修过程中，主要针对外观状态进行检查和清洁，同

时通电检测系统显示灯，显示是否正常。

(1)检查装置安装螺栓的紧固情况，确保安装紧固可靠。

(2)检查插件面板上电缆插头的连接情况，确保电缆插头可靠连接。

(3)检查接地线接地良好等。

(4)检查 WTD 主机的每一个板卡上应无可见的损伤(无变色和机械损坏)，并检查部件应装配牢固。

(5)检查线路连接接头(电缆接线片)的紧固情况，检查插头(插头，插座部分)无腐蚀、接触良好。检查插头夹紧螺钉紧固。

(6)确认无电后，清扫 WTD 主机表面灰尘。

(7)列车通电后，按相关技术要求检查 WTD 主机显示灯状态。

3. 列车无线信息传输系统高级修

(1)使用白细布、毛刷清洁无线传输系统(WTD)设备表面灰尘，要求表面不得有油污，防止灰尘吸附。目视检查并确认各紧固螺栓无松动，防松标记清晰、无错位。发现螺栓松动、防松标记错位时需重新紧固螺栓并重打防松标记。

(2)检查配线、接线状态，配线防护良好，电缆线号清晰，不得出现变色、外皮破损、断线等异常损害现象，否则需更换配线。检查连接器安装牢固，外壳无破损、标识清晰。插针无损伤、变形、烧损、锈蚀、缩针等现象，否则需修复或更换。

(3)检查装置机箱、支架、合路器等主机附件的接插件、开关、板卡等零部件齐全，安装牢固，各板卡安装正确(WTD 板卡布置如图 7-1-5 所示)。检查机械、支架、合路器等主机附件表面无裂纹、损伤现象。

(4)用浸清水的白细布将天线(图 7-1-6)外表面擦拭一遍，对较顽固的污物用白细布蘸中性洗涤剂轻擦去除，然后用浸清水的干净湿白布擦掉残液。要求清扫干净并吹干，表面不得有油污，不得使用带油棉纱，防止灰尘吸附。检查天线外罩表面及底座，确认无裂纹、锈蚀、松动现象，确认安装牢固。检查天线底座与车顶安装座处信越有机硅(密封胶)无裂纹缺损，如有缺损重新涂覆信越有机硅(密封胶)。

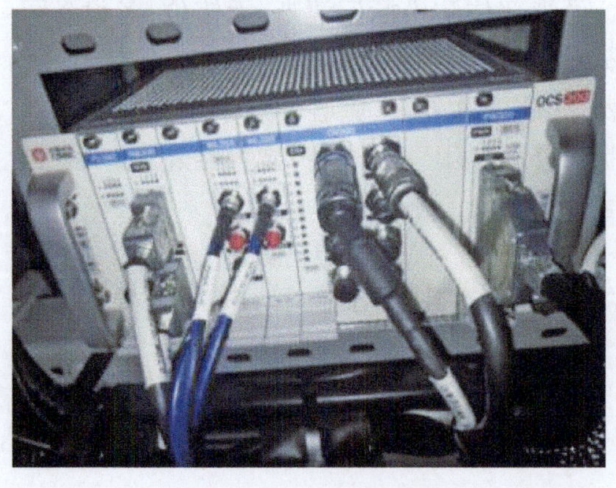

图 7-1-5　WTD 板卡布置

图 7-1-6　WTD 天线外形

任务二　监控报警系统检修维护

任务描述

高速动车组监控系统(图 7-2-1)是对高压系统、空调系统、控制系统、车厢状态等进行实时监控。通过本任务学习,重点掌握监控系统中烟火报警系统和视频监控系统的基本构成与原理,掌握烟火报警系统和视频监控系统的一级修、二级修、高级修的方法与步骤。

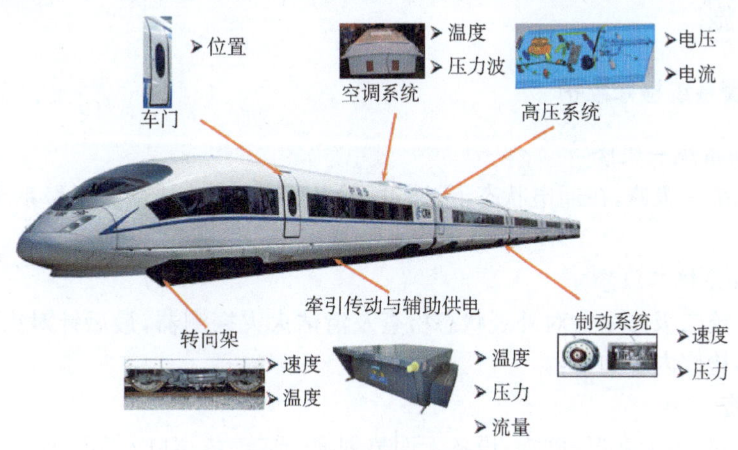

图 7-2-1　动车组实时监控系统

知识链接

1. 烟火报警系统

烟火报警系统由火灾报警控制器和火灾探测器组成,用于实时监测探测区域内(电气柜、司机室、卫生间、厨房、客室等)的烟雾浓度或温度。

(1)火灾报警控制器

接收来自火灾探测器的信息,并对工作状态进行监控。将所检测的状态通过 MVB 发送给 TCMS,同时设置硬线输出火警状态。

(2)火灾探测器

采用点型光学烟温复合火灾探测器,探测烟雾浓度和温度,并将此信息通过信号回路传送至火灾报警控制器。

2. 视频监控系统

视频监控系统包括车厢视频监控和受电弓视频监控。由监控屏、视频监控服务器、智能分析主机、车厢内网络摄像机、受电弓摄像机等设备组成。系统具备自检、时间同步、自动校时功能,所有设备的状态可通过监控屏显示。车厢监控和受电弓监控共用视频监控服务器和监控屏。

(1)视频监控服务器

视频监控服务器为 3U 高度 19 英寸机箱,用于将摄像机传来的监控视频数据录制存储在内部的硬盘中,并将实时监控画面传输至监控屏。

(2)受电弓摄像机

受电弓摄像机集成摄像机、云台、补光灯和加热玻璃等及云台控制和电动变焦功能及补光和强光抑制功能。补光灯根据升降弓信号自动开启和关闭,降弓 10 min 后补光灯自动关闭。受电弓摄像机具有除雾、融雪功能。

(3)监控屏

监控屏安装在餐车的机械师室内,对视频监控服务器传输来的以太网视频数据进行解码和显示,并通过软件控制,实现摄像机云台控制、图像缩放、录像下载和回放等功能。

任务实施

一、烟火报警系统检修维护

1. 烟火报警系统一级修

烟火报警系统一级修,在通电状态下,通过 HMI 显示屏,确认烟火报警系统工作正常,无故障。

2. 烟火报警系统二级修

烟火报警系统二级修主要对外观状态检查及清洁火灾探测器,最后针对火灾探测器进行试验测试。具体检修内容如下:

(1)外观检查

①外观正常,壳体无变形、破损;设备无明显划痕、剥落,各端口丝印清楚。

②检查各连接器,连接器牢固,无变形、断线、松脱等现象。

③检查设备接地情况,使用万用表检测,接地柱与车体金属部分导通良好。

(2)清洁火灾探测器

①使用防静电无尘布轻轻擦拭所有位置火灾探测器(图 7-2-2),除去外壳表面吸附的灰尘。

图 7-2-2 烟火探测器

②将安装在卫生间内的火灾探测器拆下,去除旧过滤棉(过滤棉与探头之间用尼龙搭扣连接),拿住探测器的底座侧边,将探测器底座向下,防尘网朝上,使用吸尘器贴近防尘网进行吸尘处理,每个间隔吸尘 10～15 s,依次清洗探测器所有间隔。吸尘结束后,使用高压风枪对每

个间隔进行吹尘，每个间隔吹尘 10～15 s，依次清洗探测器所有间隔。清洁后污染指数超标则更换烟火探测器。

③查看其他位置探测器的污染指数，若探测器污染指数超过规定值则需要按照步骤 1，2 进行清洁。清洁后污染指数超标则更换烟火探测器。

（3）火警试验

通电状态下，在探测器处喷洒检测气体，直到探测器报火警，在 TCMS 处查看火警信息，验证信息正确性，复位火警，系统恢复正常。

3. 烟火报警系统高级修

（1）外观检察

检查火灾控制器（图 7-2-3）外观无破损，表面无污物，烟火报警主机显示屏表面清洁，按键完整，安装牢固。用白细布或吸尘器清扫烟火控制器、烟火报警主机显示屏外表面灰尘，要求清扫干净；使用超细纤维液晶擦拭布，蘸取液晶屏专用清洁液擦拭烟火报警主机显示屏，要求清扫干净并吹干，使用白细布清扫火灾探测器，要求清扫干净。

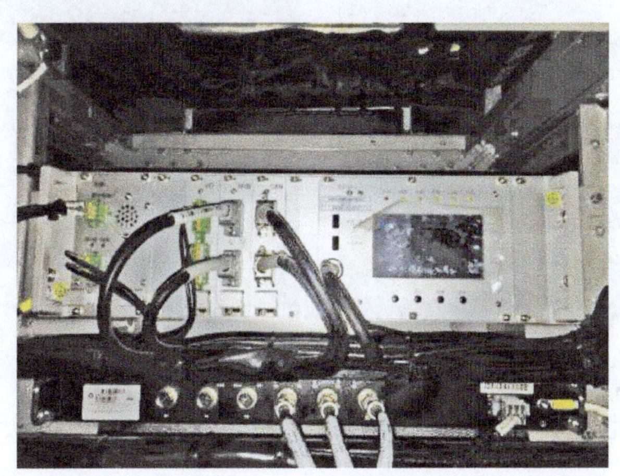

图 7-2-3　火灾控制器

（2）配线及接线检查

检查配线及接线状态良好，线缆无老化，各线号清晰、接线端子无损坏和变色、安装牢固，线卡扎带紧固。

（3）配电柜火灾探测器检查

将司机室总配电柜、ATP 柜、交流柜、直流柜、控制柜顶部的火灾探测器连接器拔下，用十字螺丝刀将火灾探测器拆下，返厂检修，保留好卸下的螺栓。待火灾探测器返回后，用扭力螺丝刀将其恢复。最后将火灾探测器连接器恢复，听到“咔”的一声表示插接到位。火灾探测器安装完工状态如图 7-2-4 所示。

（4）车下蓄电池箱和客室火灾探测器检查

将车下蓄电池箱内和客室的火灾探测器连接器拔下，用十字螺丝刀将火灾探测器拆下，返厂检修，保留好卸下的螺栓。待火灾探测器返回后，用十字螺丝刀将其恢复，需将弹簧垫圈压平。最后将火灾探测器连接器恢复，听到“咔”的一声表示插接到位。蓄电池箱及客室火灾探测器安装完工状态如图 7-2-5、图 7-2-6 所示。

(a) 检修状态

(b) 完工状态

图 7-2-4　火灾探测器安装示意

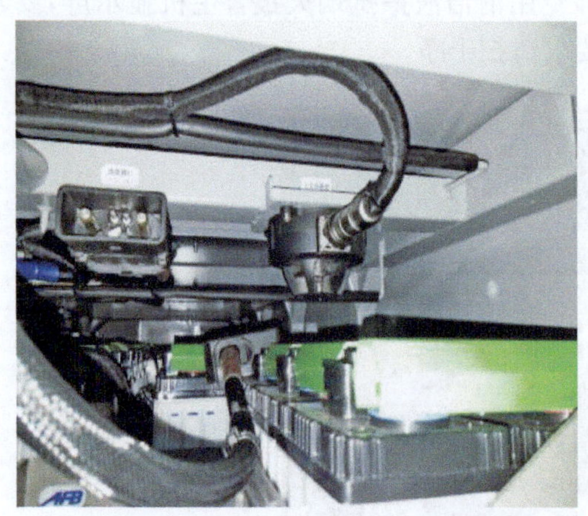

图 7-2-5　蓄电池箱火灾探测器

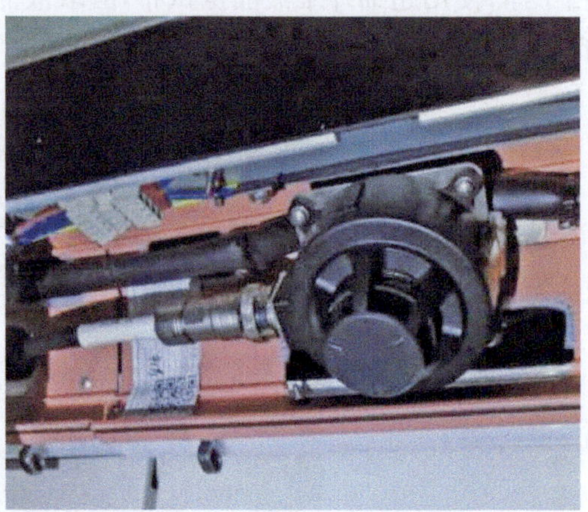

图 7-2-6　客室火灾探测器

(5)结合整列动车组出厂调试试验测试烟火报警功能。

二、视频监控系统检修维护

1. 视频监控系统一级修

视频监控系统一级修无检修内容。

2. 视频监控系统二级修

(1)受电弓视频监控

①检查受电弓摄像机(图 7-2-7)外罩,各摄像机外观状态良好,螺栓无松动,接线紧固无破损,装置外壳无变形、损坏,防护玻璃表面无裂纹、破损,用棉布对摄像头防护玻璃进行擦拭。

②检查机械师室监控屏外观状态良好,螺栓无松动,显示按钮无损坏,屏幕无损伤,如图 7-2-8 所示。

③检查弓网视频监控服务器安装紧固,各连接器连接牢固无松动。

④系统通电后检查:

图 7-2-7　受电弓摄像机

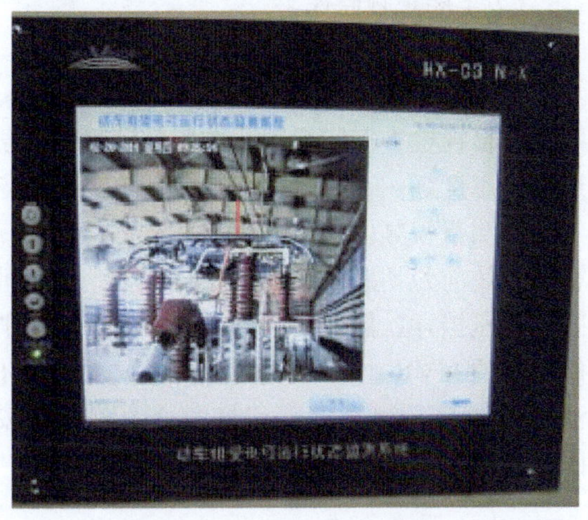
图 7-2-8　机械师室监控屏

a. 确认控制柜内部视频监控断路器闭合。

b. 系统中全部设备正常上电。

c. 在机械师室监控屏确认各功能按钮：实时视频，视频回放，镜头切换，视频导出，补光灯系统，云台的上、下、左、右移动和相机的调焦、聚焦等功能按钮，可正常操作。

d. 维护更新界面中确认设备状态和硬盘为正常。

(2)车厢视频监控(图 7-2-9)

摄像机安装在车厢和通过台顶板位置，全景网络摄像机、半球网络摄像机外观正常，检查摄像机壳体或外罩外漏部分无变形和裂纹。视频监控服务器安装在配电柜内，打开配电柜检查电线电缆无破损、连接器无松动。

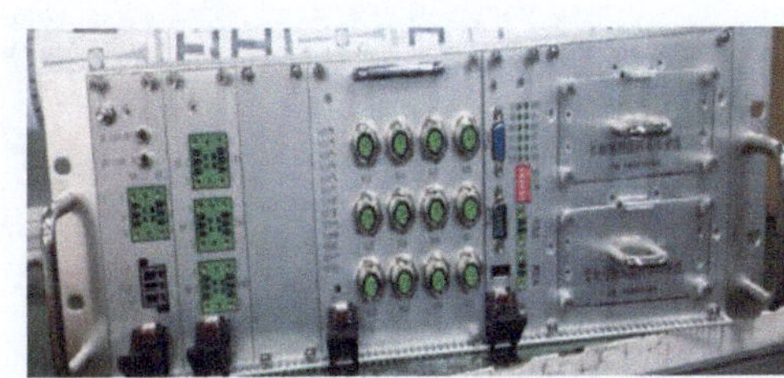
(a) 视屏监控服务器

(b) 全景网络摄像机

(c) 半球网络摄像机

图 7-2-9　车厢视频监控

3. 视频监控系统高级修

视频监控系统高级修具体内容如下：

(1)受电弓视频监控

①使用白细布清扫受电弓摄像机及补光灯玻璃表面灰尘，要求清扫干净。

②目视检查受电弓摄像机外壳无裂纹、锈蚀，玻璃表面无裂纹，各紧固螺栓无松动，防松标记清晰无错位。防松标记不清晰或错位的须重新紧固并涂打防松标记。

③目视检查受电弓视频监控服务器线缆无过热变色，各电缆、连接器外观无破损，连接状态良好。

(2)车厢视频监控

①使用白细布清扫客室摄像头外部灰尘。

②检查客室摄像头安装牢固,中顶板安装开口闪缝均匀,外部无破损。

③目视检查车厢视频监控服务器可视区域线缆无过热变色,各电缆、连接器外观无破损,连接状态良好。

④测量视频监控服务器 NVR 主板电池(不可充电电池),电压不小于 2.75 V。拔出 NVR 存储模块前先切断机箱电源,使用螺丝刀将固定 NVR 存储模块 M3 螺钉松开。使用电压表直流电压挡,红、黑表笔测量电池"+""一"引脚,电压小于 2.75 V 时需更换,注意对于使用风扇散热的 NVR 主板,需先将风扇供电线缆拔出,然后把 NVR 主板的散热片拆下,才能进行电池电压测量。测量完工后恢复 NVR 板卡安装,恢复电源连接器插接,确认插接到位,如图 7-2-10、图 7-2-11 所示。

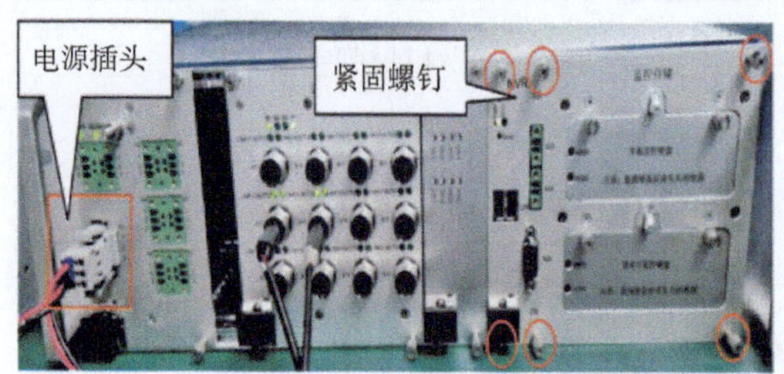

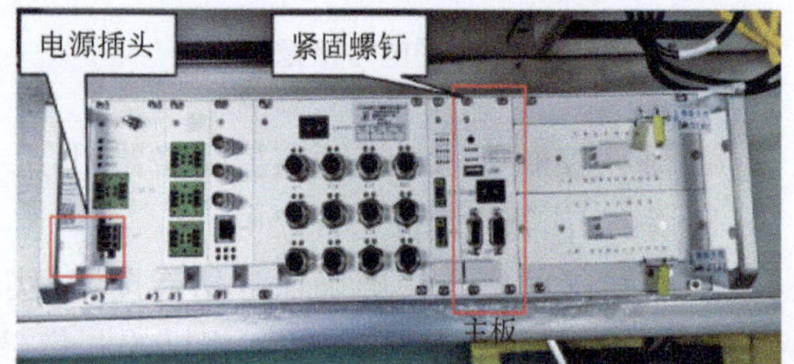

图 7-2-10　视频监控服务器电源及主板

⑤检查视频监控服务器风扇(图 7-2-12)无损伤(采用风扇散热时),手动旋转风扇,转动正常,无异音。

图 7-2-11　主板电池测量电压

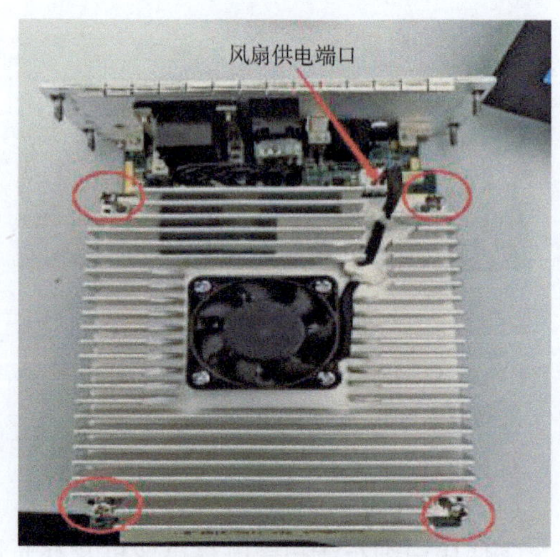

图 7-2-12　视频监控服务器风扇

项目评价

考核评价表

<table>
<tr><td>姓名</td><td></td><td>班级</td><td></td><td colspan="2">学　　号</td><td colspan="2"></td></tr>
<tr><td>学习领域</td><td colspan="3"></td><td colspan="2">成　　绩</td><td colspan="2"></td></tr>
<tr><td rowspan="2">项点</td><td rowspan="2">观　测　点</td><td rowspan="2">评价人</td><td rowspan="2">分值</td><td colspan="2">得　　分</td><td rowspan="2">计分项</td><td rowspan="2">项点得分</td></tr>
<tr><td>任务一</td><td>任务二</td></tr>
<tr><td rowspan="2">自我行为规范</td><td>自觉守时行为</td><td>教师</td><td>50</td><td></td><td></td><td>A</td><td rowspan="2">K1=(A+B)×30%
A、B 为各任务的平均分</td></tr>
<tr><td>自觉按规章操作</td><td>团队</td><td>50</td><td></td><td></td><td>B</td></tr>
<tr><td rowspan="2">学习过程考核</td><td>发现问题分析问题</td><td rowspan="2">教师</td><td rowspan="2">100</td><td rowspan="2"></td><td rowspan="2"></td><td rowspan="2">C</td><td rowspan="2">K2=C×30%
C 为各任务的平均分</td></tr>
<tr><td>积极主动解决问题</td></tr>
<tr><td rowspan="2">学习结果考核</td><td>实际操作技能</td><td>团队</td><td>50</td><td></td><td></td><td>D</td><td rowspan="2">K3=(D+E)×20%
D、E 为各任务的平均分</td></tr>
<tr><td>日常课业完成</td><td>教师</td><td>50</td><td></td><td></td><td>E</td></tr>
<tr><td>生活行为考核</td><td>节约能源爱护环境</td><td>团队</td><td>100</td><td></td><td></td><td>F</td><td>K4=F×20%
F 为各任务的平均分</td></tr>
<tr><td colspan="7">合计(K=K1+K2+K3+K4)</td><td></td></tr>
</table>

巩固与练习

学生工作单

<table>
<tr><td>工 作 单</td><td colspan="3">高速动车组信息及监控系统的检修与维护</td></tr>
<tr><td>任　　务</td><td colspan="3">1. 了解旅客信息系统、娱乐系统、无线信息传输系统的基本组成、作用。
2. 了解监控报警系统装置的组成、原理。
3. 掌握旅客系统、娱乐系统、无限信息传输系统、监控报警系统各级别检修的内容和流程。
4. 能完成各相关系统各级别检修任务。</td></tr>
<tr><td>班　　级</td><td></td><td>姓　　名</td><td></td></tr>
<tr><td>学习小组</td><td></td><td>工作时间</td><td></td></tr>
<tr><td colspan="4">【知识认知】
1. 简述旅客信息系统、娱乐信息系统的基本组成。

2. 写出动车组制动控制装置的组成。

3. 写出主供风装置的结构组成。</td></tr>
<tr><td colspan="4">【能力训练】
1. 完成旅客信息系统及娱乐系统二级修功能测试并记录流程。

2. 完成烟火报警系统二级修检修操作并记录流程。</td></tr>
</table>

参 考 文 献

[1] 徐春华,牟明明. 高速动车组预防维修规程分析与优化方法研究[J]. 中国铁路,2018(4):21-27.
[2] 许梦醒. 罗昭强. 和高铁一起飞驰[J]. 中国工人,2019(1):36-40.
[3] 李谊,邱永祥,王晓斌,等. 动车组检维护作业职业病危害程度分析研究[J]. 铁路节能环保与安全卫生,2015,5(5):227-233.
[4] 李轩墨. 高速动车组轮对维修策略研究[D]. 成都:西南交通大学,2015.
[5] 崔转玲. 动车组运行状态远程监控系统无线通信技术的研究[D]. 兰州:兰州交通大学,2014.
[6] 王彩霞. 高速动车组主要零部件损伤规律及维修周期的研究[D]. 北京:北京交通大学,2012.
[7] 方科挺. 高速列车应急故障模拟与维修培训系统[D]. 北京:北京交通大学,2008.
[8] 王兆祥. 高速动车组维修基地的工艺设计[J]. 铁道标准设计,1996(12):36-37.

附录1 高速动车组一级修

1. 一级修作业要求

车　　型	CRH380B 型动车组	版　　本	V4.2(上)
修　　程	一级修	周　　期	4 400 km 或运用 48 h
车 厢 号	全列	供电条件	无电 & 有电
作业人员	4 人	作业时间	120 min
人员分工	每组车共需 4 人作业(上部作业组 2 人,下部作业组 2 人)。上部作业组负责车顶和司机室作业;下部作业组负责车底、车侧及车内作业,具体分工见作业内容及标准		
注意事项	1. 作业人员在维修作业期间应遵守各种安全规定;必须始终穿着绝缘鞋、安全帽,并穿戴所从事工作要求的防护服和携带其他与人身安全相关的设施等 2. 作业前确认安全防护号志已插设、状态良好 3. 防止尖锐角边可能造成绊倒、挤伤事故以及皮肤割伤 4. 作业时严格按照对讲机呼唤应答制度进行呼唤应答 5. 车顶行走注意防止跌倒滑落		
备　　注	符号说明: 检:质检员过程卡控　检:质检员结果确认　:作业人员拍照留存 :作业人员摄像留存　:质检员拍照留存　:质检员摄像留存　:安全风险		

车　　型	CRH380A 型动车组	版　　本	V4.0
修　　程	一级修	周　　期	4 000 km 或运用 48 h
车 厢 号	全列	供电条件	无电 & 有电
作业人员	4 人(单列)	作业时间	120 min
人员分工	一级检修作业小组 1 个(4 名作业人员①、②、③、④号),各车间可根据工作量,设置辅助检查人员配合作业。①、②号负责车内设施、司机室设备、车载信息系统、车顶设备检查及相关性能试验。③、④号负责车体、裙板、底板、转向架、钩缓连接、制动、车端连接等下部检查。2 名辅助人员协助检查,具体负责动车组进库清道、接车检查,接插外接电源和配合①、②号车顶作业时升降受电弓、接触网供断电安全操作。各动车所可根据现场作业实际情况,安排③、④号负责接送车,①、②号负责受电弓升降弓操作		
注意事项	1. ③、④号在地沟检查时以车底中心线为界,按照分工各自检查一侧设备,检查驱动装置齿轮箱时,与齿轮箱连接的牵引电机归齿轮箱检查侧作业人员检查 2. ③、④号在地沟作业,前后间隔不超过 3 m 3. 中心线部位处需检查部件,③、④号均需检查 4. ①号负责两端司机室设备及功能试验,②号负责客室设备检查 5. 车轴检查按照每人检查一侧车轴的顺序执行		
备　　注	符号说明: 检:质检员过程卡控　检:质检员结果确认　:作业人员拍照留存 :作业人员摄像留存　:质检员拍照留存　:质检员摄像留存　:安全风险		

2. 一级修流程图

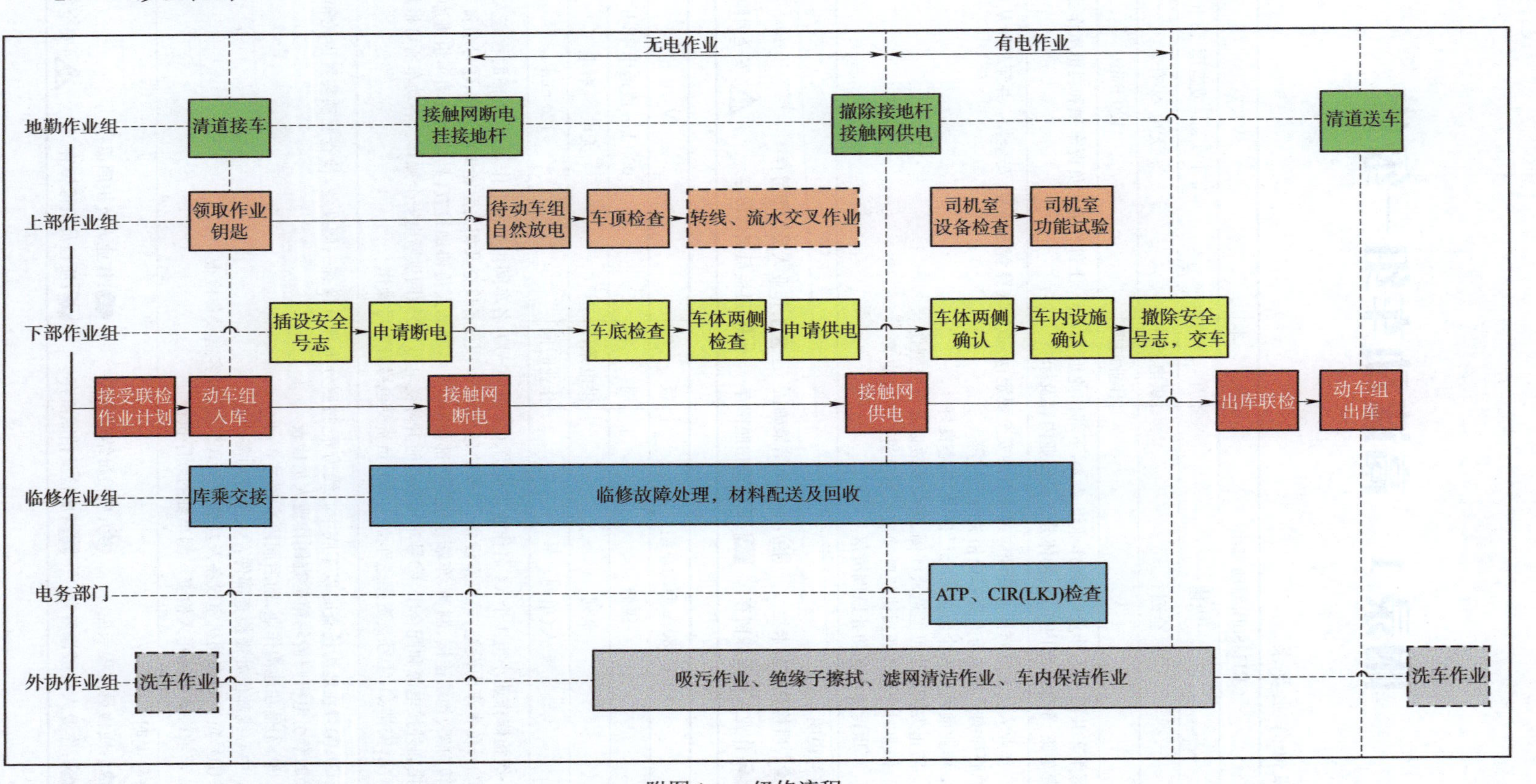

附图1　一级修流程

3.一级修时间节点

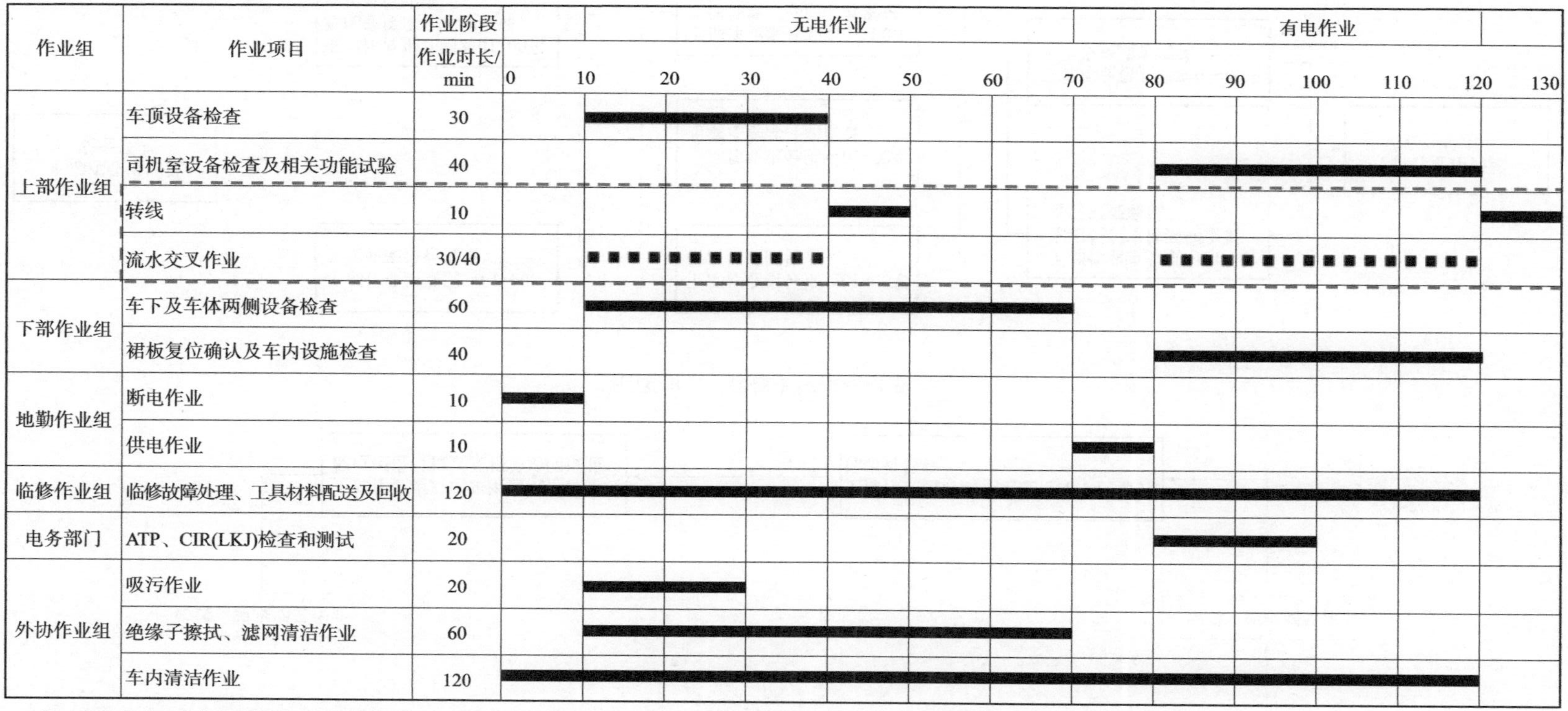

作业组	作业项目	作业阶段	无电作业							有电作业					
		作业时长/min	0	10	20	30	40	50	60	70	80	90	100	110	120
上部作业组	车顶设备检查	30													
	司机室设备检查及相关功能试验	40													
	转线	10													
	流水交叉作业	30/40													
下部作业组	车下及车体两侧设备检查	60													
	裙板复位确认及车内设施检查	40													
地勤作业组	断电作业	10													
	供电作业	10													
临修作业组	临修故障处理、工具材料配送及回收	120													
电务部门	ATP、CIR(LKJ)检查和测试	20													
外协作业组	吸污作业	20													
	绝缘子擦拭、滤网清洁作业	60													
	车内清洁作业	120													

注：虚线框为上部作业组转线、流水交叉作业，虚线表示上部作业组可在转线后进行车顶设备检查或司机室设备检查及相关功能试验。

附图 2　一级修时间节点

4. 一级修作业程序

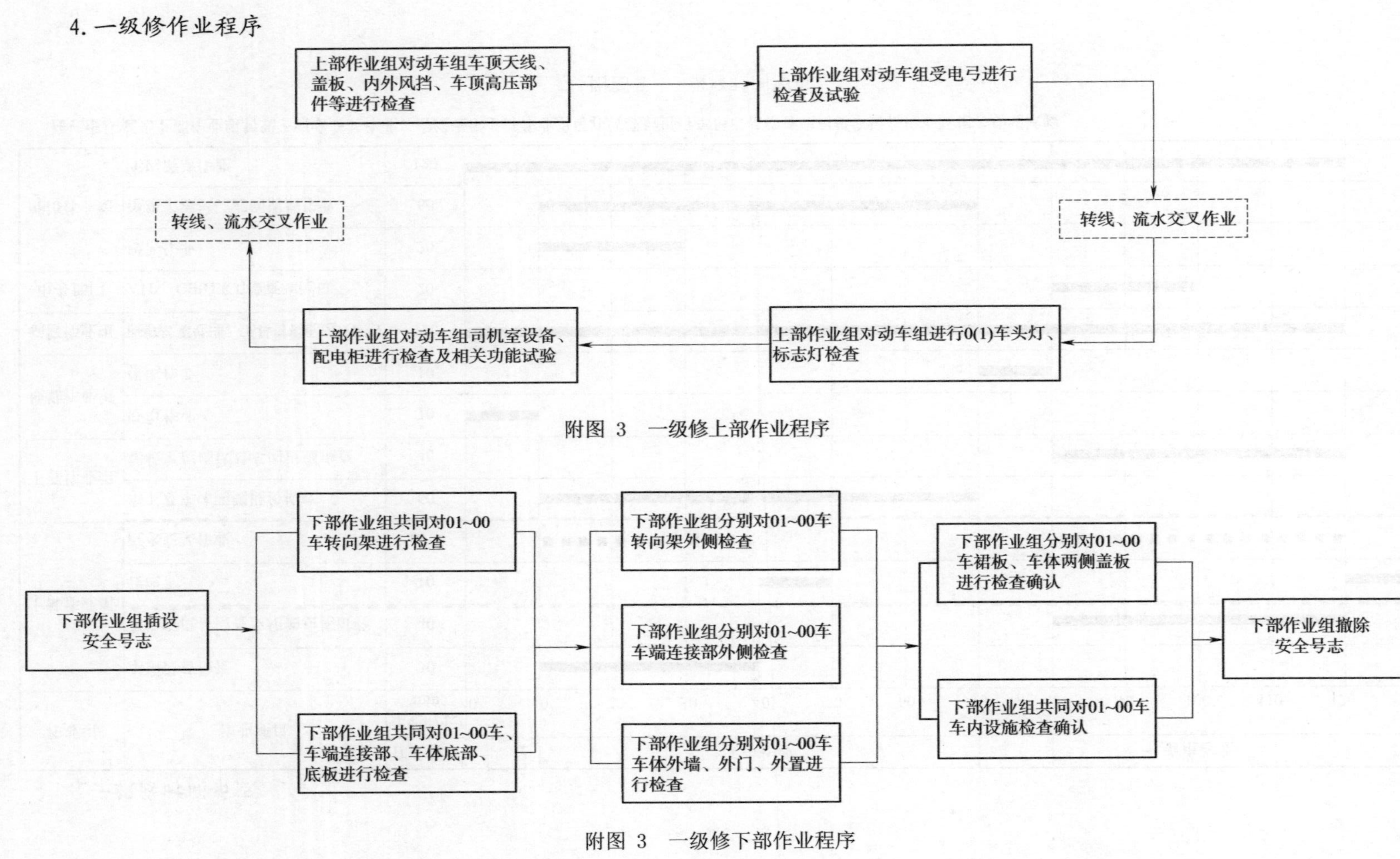

附图 3　一级修上部作业程序

附图 3　一级修下部作业程序

5. 一级修作业线路

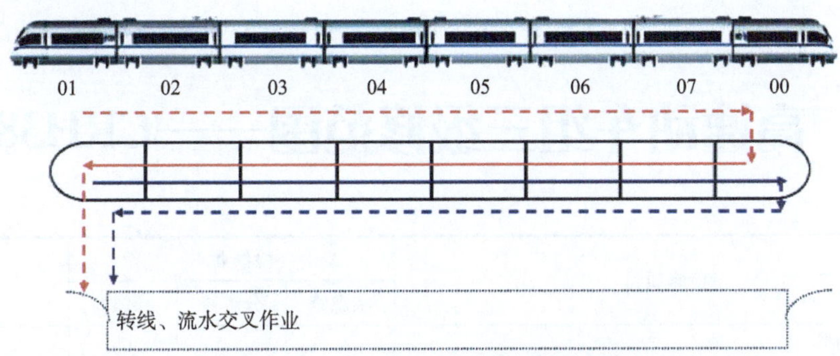

附图 4　上部作业组检修作业路线(无电)

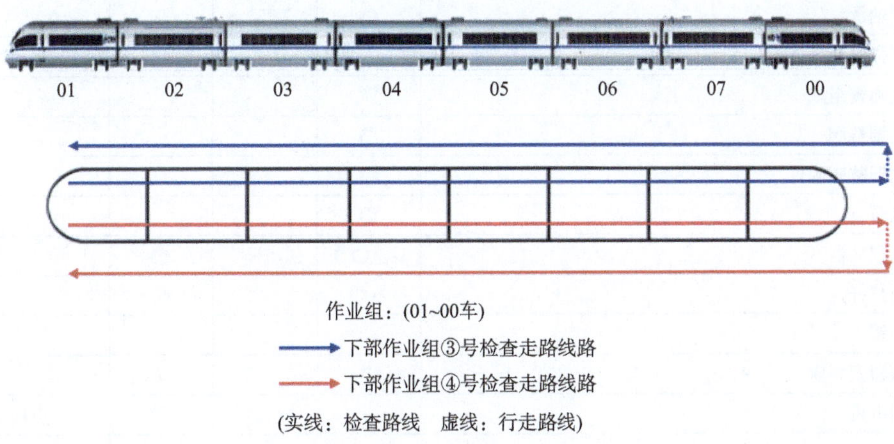

附图 5　下部作业组检修作业路线(无电)

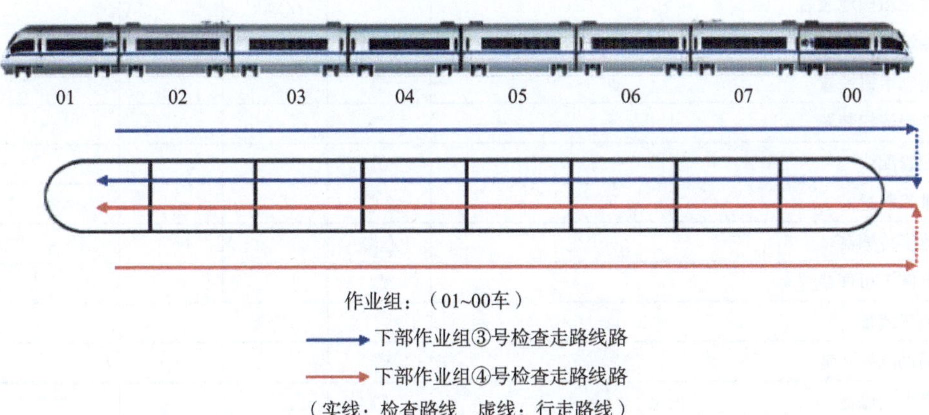

附图 6　下部作业组检修作业路线(有电)

附录 2　高速动车组三级修范围——CRH380A(L)

序号	检修项目	检修要求			备注
		状态修	分解修	试验	
1	转向架组成		△◎	◎	
2	构架组成	◎			
3	轮对组成	△◎			
4	制动盘	◎			
5	轴箱定位装置		△◎		
6	轴箱轴承	◎			
7	轴箱弹簧组成		△◎	◎	
8	空气弹簧组成	△◎			
9	高度调整阀	◎			
10	高度调整阀附件	◎			
11	差压阀	◎			
12	油压减振器	△◎		◎	
13	牵引拉杆	△◎		◎	
14	中心销	◎			
15	减振器安装座	◎			
16	牵引电机		△◎	◎	更换油脂
17	齿轮箱装置	◎			
18	联轴节	△◎			
19	齿轮箱接地装置		△◎		
20	轴端接地装置	△◎			
21	制动卡钳装置	◎			
22	踏面清扫装置	◎			
23	配管配线	◎			
24	排障装置	△◎			
25	速度传感器	△◎			
26	抗侧滚扭杆装置	◎			
27	换气装置		△◎		
28	辅助电源装置	◎			
29	牵引变流器	◎			
30	牵引变压器及油冷却器	◎			
31	浪涌保护装置	◎			

注：表中“◎”表示该项目在本修程中为检修项目，“△”表示从上一级部件上拆下检修。

附录3　高速动车组四级修范围——CRH380A(L)

序号	分类	检修配件名称	检修状态			
			状态修	分解修	试验	
					部件	整车
1	车体	车体结构	◎			
2		客室侧门	◎			
3		侧门机构	◎			
4		车窗	◎			◎
5		底板、裙板及设备舱		◎△		
6		风挡	◎			
7		密接式车钩		◎△	探伤	◎
8		车钩缓冲器		◎△	探伤	
9		车钩托架		◎△	探伤	
10		车钩从板座组成				
11		过渡车钩		◎△	探伤	
12		前罩	◎			
13		开闭机构	◎			
14		前照灯	◎			◎
15		标志灯罩	◎			
16		前头排障装置	◎			
17		受电弓导流罩	◎			
18		蓄电池箱过渡支架	◎		探伤	
19		污物箱过渡支架	◎		探伤	
20		牵引变压器送风机过渡支架	◎		探伤	
21		刮雨器装置	◎			◎
22		刮雨器水箱		◎△	◎	
23	转向架组成	构架组成		◎◎	探伤	
24		轮对组成		◎△	探伤	
25		车轴		◎◎	探伤	
26		轴箱轴承		◎△		
27		轴箱装置		◎△		
28		轴箱定位节点		◎◎	检测	
29		轴箱弹簧		◎◎	探伤	

续上表

序号	分类	检修配件名称	检修状态			
			状态修	分解修	试验	
					部件	整车
30	转向架组成	轮对提吊	◎			
31		油压减振器		◎△	检测	
32		防振橡胶		◎◎	检测	
33		M-28658 空气弹簧		◎△	检测	
34		M-28701 空气弹簧		◎△	检测	
35		差压阀		◎△	◎	
36		高度调整阀		◎△	◎	
37		高度调整阀附件		◎◎		
38		横向挡	◎			
39		抗侧滚扭杆装置	◎			
40		KD575-A-M 及 G301 齿轮箱		◎△	◎	
41		齿轮箱组成吊杆组成		◎△	探伤	
42		ESCO 联轴节		◎△	探伤	
43		SE363 齿轮箱	◎			
44		KWD 联轴节	◎			
45		牵引拉杆		◎△	探伤	
46		中心销组成	◎			
47		制动盘	◎			
48		制动夹钳	◎			
49		速度传感器		◎◎	◎	
50		轴温检测器	◎		◎	
51		加速度传感器	◎			
52		踏面清扫装置	◎			
53		KD575-A-M 及 G301 接地装置		◎△	探伤	
54		SE363 接地装置	◎			
55		接地装置(AB-414E)		◎△		
56		转向架排障器		◎△		
57		管路	◎			
58		配线	◎			
59	制动装置	电动空气压缩机		◎△	◎	
60		除湿装置		◎△	◎	
61		辅助电动空气压缩机		◎△	◎	
62		制动控制装置	◎			◎
63		EPLA 电空转换阀、FD-1 中继阀、B10 及 B11 压力调整阀等		◎△	◎	

续上表

序号	分类	检修配件名称	检修状态			
			状态修	分解修	试验	
					部件	整车
64	制动装置	压力开关	◎			
65		空气软管		◎◎	◎	
66		ASV11 防滑阀		◎△	◎	
67		管路中的过滤器		◎◎		
68		空气管开闭器		◎△	◎	
69		制动转换装置	◎			◎
70		踏面清扫用电磁阀箱	◎		◎	
71	牵引系统	受电弓	◎		◎	◎
72		真空断路器		◎△	◎	◎
73		接地保护开关		◎△		◎
74		高压隔离开关		◎△	◎	◎
75		避雷器	◎		◎	
76		电流互感器	◎			
77		高压绝缘子	◎			
78		高压电缆及特高压连接器	◎			
79		高压设备箱	◎			
80		高压联锁钥匙箱		◎△	◎	
81		接地电阻器	◎		测量	
82		浪涌保护装置		◎◎	试验	
83		牵引变压器	◎		测量	◎
84		牵引变压器冷却电动送风机		◎△	◎	◎
85		牵引变流器	◎		检测	◎
86		牵引电机		◎△	◎	◎
87		牵引电机冷却风机	◎		◎	
88		主电动机用软风道和主电动机用伸缩管		◎★		
89	辅助系统	辅助电源装置、辅助整流装置	◎		◎	◎
90		蓄电池及蓄电池箱		◎△	探伤	
91		配电盘	◎			◎
92		接触器箱	◎		◎	
93		控制、辅助、高压电路接线箱	◎			
94		车间连接器	◎			
95		外部电源连接器及连接插头	◎			
96		车下配线	◎			
97		救援用电源变换装置	◎			

续上表

序号	分类	检修配件名称	检修状态			
			状态修	分解修	试验	
					部件	整车
98	辅助系统	单相逆变电源	◎			
99		隔离变压器	◎		◎	
100	网络控制及信息系统	车辆信息显示器	◎			◎
101		中央装置、终端装置等		◎△	◎	◎
102		无线数据传输装置	◎			
103		牵引制动数据记录装置	◎			
104		烟火报警系统	◎			◎
105		旅客信息系统	◎			◎
106		影视系统	◎			◎
107		广播电话系统	◎			◎
108		呼唤装置	◎			
109		自动过分相装置		◎△	◎	◎
110		外温传感器	◎		检测	◎
111		天线	◎			
112	空调采暖及通风系统	客室空调装置		◎△		
113		司机室空调装置	◎			
114		空调显示设定器	◎			
115		司机室暖风机	◎		◎	
116		换气装置本体		◎△	◎	
117		换气装置逆变器	◎			
118		应急通风装置	◎			
119		新风风道	◎			
120		国风过滤网和回风格栅	◎			
121	给排水及卫生系统	水箱装置	◎		◎	
122		加热装置		◎★		
123		加热毯、伴热线	◎		◎	
124		泵房检修	◎		◎	
125		车上水泵系统	◎			
126		温水器	◎			
127		保温继电器	◎		◎	
128		电开水炉		◎△		
129		坐便器		◎△		◎
130		蹲便器		◎△		◎
131		真空集便系统部件		◎◎		◎

续上表

序号	分类	检修配件名称	检修状态			
			状态修	分解修	试验	
					部件	整车
132	给排水及卫生系统	卫生间模块	◎			
133		污物箱		◎△	◎	
134		水封装置		◎◎	◎	
135	内装及设备	内装	◎			
136		卷帘	◎		◎	
137		内门	◎			
138		司机室座椅	◎			
139		司机室操纵台及设备	◎			
140		电压表	◎			
141		21-6095B6342 型牵引控制器	◎			◎
142		S334CC. 810 型牵引控制器		◎△	◎	◎
143		CMC100 型司机制动控制器	◎			◎
144		S620CC 型司机制动控制器		◎△	◎	◎
145		连接切换开关	◎		测量	
146		配管单元箱	◎		◎	
147		车内压力开放阀	◎			
148		风笛装置	◎			
149		司机室各类开关	◎			
150		显示及监控装置	◎			
151		连接器及配线	◎			
152		客室座椅	◎			
153		卧铺包间设备及翻板凳	◎			
154		垃圾箱和垃圾袋框	◎			
155		安全锤	◎			
156		灭火器及箱	◎			
157		广告框	◎			
158		杂志架	◎			
159		客室火灾报警按钮、紧急制动按钮、紧急呼叫按钮	◎			
160		乘务员开关	◎			◎
161		办公桌	◎			
162		餐车设备	◎		检测	

注：1. “状态检修”为该件允许在安装位置状态下进行检修，允许在安装状态下进行检查、更换、清灰等工作，用“◎”表示。

2. “分解检修”为该件须本体分解才能进行检修；用“◎◎”表示从上一级分解下来后进行状态检修；用“◎△”表示从上一级分解下来后还要进行本体的分解；用“◎★”表示从上一级分解下来后进行更新。

3. “试验”栏中“检测”表明主要的工作除状态检修外为检测部件主要性能指标；“测量”表明主要的工作除状态检修外主要为测量部件绝缘值；“探伤”表明主要的工作除状态检修外主要为探伤；用在“部件”或“整车”栏中的“◎”表示本件要在部件或整车时进行试验。

附录 4　高速动车组五级修范围——CRH380A(L)

序号	分类	检修配件名称	检修状态			
			状态修	分解修	试验	
					部件	整车
1	车体	车体结构	◎			
2		密接式车钩		◎△	◎	
3		缓冲器		◎△	◎	
4		内风挡	◎			
5		外风挡	◎			
6		防雪风挡	◎			
7		排障板	◎			
8		裙板、底板、端板、防雪板、裙板安装梁		◎		
9		骨架安装梁		◎		
10		客室侧门		◎		
11		侧门机构		◎△	◎	◎
12		司机室侧门		◎		
13		车窗	◎			
14		过渡车钩		◎△	◎	
15		前罩		◎		
16		开闭机构		◎△	◎	◎
17		前照灯		◎△	◎	◎
18		刮雨器装置	◎			◎
19		刮雨器水箱		◎△	◎	◎
20	转向架组成	转向架组成		◎△	◎	◎
21		构架组成		◎		
22		空气弹簧		◎△	◎	◎
23		油压减振器		◎△	◎	
24		AG37 型 AG43 型速度传感器	◎△		◎	
25		轴箱装置		◎△		
26		轮对组成		◎△	◎	
27		轴箱轴承		◎★		
28		联轴节		◎△		
29		轴制动盘	◎			
30		轮盘	◎			

续上表

序号	分类	检修配件名称	检修状态			
			状态修	分解修	试验	
					部件	整车
31	转向架组成	齿轮传动装置		◎△	◎	
32		齿轮箱吊杆组成		◎△		
33		接地装置		◎△		
34		差压阀		◎△	◎	
35		牵引拉杆组成		◎△	◎	
36		高度调整阀		◎△	◎	
37		轴箱弹簧组成		◎△	◎	
38		制动卡钳		◎△	◎	◎
39		踏面清扫装置		◎△	◎	◎
40		转向架配管及配线	◎			◎
41		轴温检测器	◎		◎	
42		转向架排障器		◎△		
43		中心销组成	◎△			
44		抗蛇行减振器座(车体侧)	◎△			
45		抗蛇行减振器托架(转向架侧)	◎△			
46		横向减振器托架	◎△			
47		调整棒组成		◎△		
48		横向止挡	◎			
49		抗侧滚扭杆装置		◎	◎	
50	制动系统	制动控制装置		◎△	◎	◎
51		电动空气压缩机		◎△	◎	◎
52		辅助电动空气压缩机		◎△	◎	◎
53		干燥装置		◎△	◎	◎
54		ASVII 滑行控制阀组成		◎△	◎	◎
55		踏面清扫电磁阀箱		◎△	◎	◎
56		空气软管		◎★		◎
57		阀类		◎△	◎	
58		管路	◎			◎
59		管路滤清器	◎△			
60		双针、单针压力表	◎			◎
61		配管单元箱		◎△	◎	◎
62		空气管开闭器		◎△	◎	◎
63		截断塞门、过滤器		◎△	◎	
64	牵引系统	受电弓		◎△	◎	◎

续上表

序号	分类	检修配件名称	检修状态			
			状态修	分解修	试验	
					部件	整车
65	牵引系统	真空断路器		◎★		◎
66		接地保护开关	◎			◎
67		高压隔离开关		◎△	◎	◎
68		避雷器		◎	◎	◎
69		高压互感器	◎			◎
70		电流互感器	◎			◎
71		高压绝缘子	◎			◎
72		高压电缆及高压接头		◎		◎
73		连接导体	◎			◎
74		车顶导流罩	◎			◎
75		高压设备箱	◎			◎
76		高压联锁钥匙箱		◎△	◎	◎
77		接地电阻器		◎△	◎	◎
78		浪涌保护装置		◎△	◎	
79		接地装置(AB-414E)		◎△	◎	
80		牵引变压器		◎△	◎	◎
81		牵引变流器		◎△	◎	◎
82		牵引电机		◎△	◎	◎
83	辅助系统	辅助电源装置		◎△	◎	◎
84		辅助整流器		◎△	◎	◎
85		蓄电池箱(含蓄电池)		◎△	◎	◎
86		配电盘、配电柜		◎△	◎	◎
87		50 A及以上断路器、接触器,部分继电器		◎△	◎	◎
88		接触器箱	◎			◎
89		控制电路接线箱	◎			◎
90		辅助电路接线箱	◎			◎
91		高压电路接线箱	◎			◎
92		高压、广播、影视及车钩电连接器	◎			◎
93		头车自动电气连接器		◎△	◎	◎
94		外部电源连接器及连接插头	◎			◎
95		车下配线	◎			◎
96		救援用电源变换装置		◎△	◎	◎
97		单相逆变电源	◎			◎
98		UPS电源系统		◎△	◎	◎

续上表

序号	分类	检修配件名称	检修状态			
			状态修	分解修	试验	
					部件	整车
99	网络控制及信息系统	车辆信息控制系统		◎△		◎
100		无线数据传输装置	◎			◎
101		牵引制动数据记录装置	◎			◎
102		旅客信息系统	◎			◎
103		影视系统	◎			◎
104		广播系统	◎			◎
105		自动过分相装置		◎△	◎	◎
106		外温传感器		◎△	◎	◎
107		TCR 天线、Balise 天线、雷达天线	◎			
108		半主动控制箱及加速度传感器	◎			◎
109		CIR、ATP 及 DMS 装置	◎			
110	空调采暖及通风系统	空调装置		◎△	◎	◎
111		换气装置本体		◎△	◎	◎
112		换气装置逆变器		◎△	◎	◎
113		司机室空调机组(室外机、室内机)		◎△	◎	◎
114		应急通风机	◎			◎
115		空调显示设定器	◎			◎
116		暖风机	◎			◎
117		司机室空调室电源箱、变压器及管路	◎			◎
118		司机室通风机	◎			◎
119		回风过滤网和回风格栅		◎		
120		出风口	◎			
121		端部新风风道	◎			
122	给排水及卫生系统	电开水炉		◎△	◎	◎
123		面镜	◎			
124		婴儿护理台	◎			
125		洗脸间热水器、皂液盒		◎△	◎	◎
126		坐便器		◎△	◎	◎
127		蹲便器	◎△			
128		洗脸盆及水阀 、	◎			
129		车上水箱、管路	◎			
130		车上泵箱		◎△		
131		水箱装置		◎△	◎	◎
132		污物箱		◎△	◎	◎
133		水封装置		◎△	◎	◎

续上表

序号	分类	检修配件名称	检修状态			
			状态修	分解修	试验	
					部件	整车
134	内装及设备	外端门	◎			
135		室内门	◎			
136		座椅	◎			
137		车内装饰	◎			
138		地板布	◎			
139		行李架	◎			
140		垃圾箱和垃圾袋框	◎			
141		大件行李放置处	◎			
142		卷帘		◎		
143		除臭发生器	◎			◎
144		安全锤	◎			
145		广告框	◎			
146		扶手	◎			
147		间壁桌	◎			
148		车内标识	◎			
149		小间设备	◎			◎
150		展示柜、冰箱、冷冻箱、单、双门冷藏箱		◎△		
151		厨房储藏柜	◎			
152		小推车	◎			
153		单、双门保温箱及电烤箱		◎△		
154		厨房洗池	◎			
155		卧铺包间设备及走廊翻板凳	◎			
156		插座、开关	◎			
157		观光区边柜	◎			
158		半包隔断	◎			
159		地毯		◎△		
160		VIP 服务台	◎			
161		餐桌、吧桌、靠吧、吧台	◎			
162		端部侧拉门罩板	◎			
163		餐椅、沙发	◎			
164		茶几、操作台、办公桌、搁物台、电视桌、包间茶桌	◎			
165		设备锁件	◎			
166		灯具	◎			◎
167		插座、开关	◎			◎

续上表

序号	分类	检修配件名称	检修状态			
			状态修	分解修	试验	
					部件	整车
168	内装及设备	客室火灾报警按钮、紧急制动按钮、紧急呼叫按钮	◎			◎
169		电压表	◎			◎
170		牵引控制器		◎△	◎	◎
171		司机制动控制器		◎△	◎	◎
172		连接切换开关		◎△	◎	◎
173		乘务员开关		◎△	◎	◎
174		司机室其他部件	◎			◎
175		连接切换开关		◎△	◎	◎
176		司机室座椅	◎			
177		司机室可翻转座椅	◎			
178		设备室门	◎			
179		机器室气密门	◎			
180		风笛		◎		
181		车内压力开放阀		◎△	◎	◎
182	车辆落成编组与试验	油漆及标记		◎		
183		绝缘耐压试验				◎
184		调试试验				◎
185		试运行				◎

注:“状态检修”为该配(部)件在安装位置状态下检修;“分解检修”为该配(部)件须从上级部件分解下来检修;“◎”表示该配(部)件的检修状态;状态检修中的“△”表示该配(部)件中部分零部件须分解下来;分解检修中的“△”表示该配(部)件需要自身分解检修;“★”表示该配(部)件需要更换新品。